定期テスト **ズバリよくでる** 英語｜1年 東京書

JN041291

もくじ

取り外してお使いください 赤シート+直前チェックBOOK,別冊解答

※全国の定期テストの標準的な出題範囲を示しています。学校の学習進度とあわない場合は、「あなたの学校の出題範囲」欄に出題範囲を書きこんでお使いください。

Step 1 基本チェック : Unit 0 Welcome to Junior High School 🕐 5分

■ 赤シートを使って答えよう！

❶ [アルファベット]

- ☐❶ Aの小文字は？ [a]
- ☐❷ bの大文字は？ [B]
- ☐❸ Dの小文字は？ [d]
- ☐❹ eの大文字は？ [E]
- ☐❺ Iの小文字は？ [i]

❷ [単語]並べかえて単語を完成しよう。

- ☐❶ 帽子　　a p c　　[cap]
- ☐❷ インク　n i k　　[ink]
- ☐❸ 箱　　　x b o　　[box]
- ☐❹ ボール　l b a l　[ball]
- ☐❺ 机　　　e k d s　[desk]

❸ [あいさつ／先生からの指示]

- ☐❶ はじめまして。[Nice] to meet you.
- ☐❷ 立ちなさい。Stand [up].

解答欄

❶ _____　❷ _____

❸ _____　❹ _____

❺ _____

❶ _____

❷ _____

❸ _____

❹ _____

❺ _____

❶ _____

❷ _____

POINT

❶ [アルファベット]

大文字と小文字で形が異なるものは，Aとa，Bとb，Dとd，Gとgなどがある。

A B C D E F G H I J K L M N O P Q R S T U V W X Y Z

a b c d e f g h i j k l m n o p q r s t u v w x y z

小文字を書くときは，高さに注意する。

a b g ── 1階建て
　　　 ── 2階建て
　　　 ── 地下1階つき

❷ [単語]

apple [リンゴ]　ball [ボール，球]　cap [(ふちがないか，ひさしがついた)帽子]　desk [机]
egg [卵]　fish [魚]　guitar [ギター]　lion [ライオン]　piano [ピアノ]

❸ [あいさつ／先生からの指示]

Nice to meet you. [はじめまして。]　My name is **Saito Kana.** [私の名前はサイトウカナです。]
Stand up. [立ちなさい。]　Sit down. [座りなさい。]

Step 2 予想問題 | **Unit 0 Welcome to Junior High School** 〔10分〕(1ページ10分)

❶ 次の単語の意味を下から選び，記号で答えなさい。

💡ヒント

☐❶ desk （　　　） ☐❷ ball （　　　）

☐❸ egg （　　　） ☐❹ nurse （　　　）

☐❺ piano （　　　） ☐❻ mouse （　　　）

☐❼ window （　　　） ☐❽ vegetable （　　　）

　㋐ ねずみ　　㋑ 卵　　㋒ 野菜　　㋓ ボール，球

　㋔ 窓　　㋕ 看護師　　㋖ ピアノ　　㋗ 机

❶
❶勉強をするときに必要な家具。
❷日本語にもなっている語。
❹病院で患者さんを看病する人。
❺楽器
❻動物

❷ 次の文字を大文字は小文字に，小文字は大文字にかえて書きなさい。

☐❶ A ＿＿＿＿＿　☐❷ b ＿＿＿＿＿　☐❸ D ＿＿＿＿＿

☐❹ e ＿＿＿＿＿　☐❺ f ＿＿＿＿＿　☐❻ G ＿＿＿＿＿

☐❼ H ＿＿＿＿＿　☐❽ i ＿＿＿＿＿　☐❾ n ＿＿＿＿＿

☐❿ Q ＿＿＿＿＿　☐⓫ r ＿＿＿＿＿　☐⓬ U ＿＿＿＿＿

❷
❸たてのぼうは2階建てになる。
❻⓾地下1階つき
⓫2階建て

❸ 日本語に合う英文になるように，☐の中から適切な語を選んで＿＿に書きなさい。

☐❶ 私の名前はカトウタクヤです。

My ＿＿＿＿＿＿ is Kato Takuya.

☐❷ はじめまして。

＿＿＿＿＿＿ to meet you.

☐❸ 4人のグループを作りなさい。

Make groups of ＿＿＿＿＿＿.

☐❹ 私はカレーライスが好きです。

I ＿＿＿＿＿＿ curry and rice.

| like | nice | name | four |

❸
❷初対面の人へのあいさつとして使われる言い方。
❸groups of ...は「…人のグループ」という意味。

Step 1 基本チェック ● Unit 1 New School, New Friends

 10分

■ 赤シートを使って答えよう！

❶ [私は[あなたは]…です。]

□❶ 私は田中久美です。　　　　　[I][am] Tanaka Kumi.
□❷ 私はピーター・ブラウンです。[I'm] Peter Brown.
□❸ あなたは大輔です。　　　　　[You][are] Daisuke.

❷ [私は…が好きです。]

□❶ 私は野球が好きです。　　　　I [like] baseball.
□❷ 私はテニスをします。　　　　I [play] tennis.

❸ [あなたは…ですか。]

□❶ あなたはメグですか。
　　　── はい，そうです。／いいえ，ちがいます。
　(1) [Are][you] Meg?
　(2) ── Yes, [I][am]. / No, [I][am] not.

解答欄

❶ ＿＿＿＿＿ ＿＿＿＿＿
　＿＿＿＿＿＿＿＿＿＿＿
❷ ＿＿＿＿＿＿＿＿＿＿＿
❸ ＿＿＿＿＿ ＿＿＿＿＿
❶ ＿＿＿＿＿＿＿＿＿＿＿
❷ ＿＿＿＿＿＿＿＿＿＿＿
❶ (1) ＿＿＿＿＿ ＿＿＿＿＿
　(2) ＿＿＿＿＿ ＿＿＿＿＿
　　＿＿＿＿＿ ＿＿＿＿＿

POINT

❶ [私は[あなたは]…です。]

・I　am Meg Brown.　[私はメグ・ブラウンです。]
　主語　be動詞　　　　　　　　主語「私は」の後ろにamを置く。I amの短縮形はI'mと書く。

・You　are Daisuke.　[あなたは大輔です。]
　主語　be動詞　　　　　　　　主語がyou「あなたは」のときはamではなくareを使う。

❷ [私は…が好きです。]

・I　like Japanese food.　[私は日本食が好きです。]
　主語　動詞　　　　　　　　　動作や状態を表すときは，一般動詞を主語の後ろに置く。

❸ [あなたは…ですか。]

「あなたは…ですか。」という疑問文では，be動詞を主語の前に置く。

　You　are from Sydney.　[あなたはシドニー出身です。]

・Are　you from Sydney?　[あなたはシドニー出身ですか。]
　be動詞　主語　　　　　　　　クエスチョンマークがつき，文末は上げ調子

　── Yes, I am.　[はい，そうです。]　「あなたは…？」の答えなので，「私は」で答える。

　── No, I am not.　[いいえ，ちがいます。]　Noで答えるときは，amの後ろにnotを置く。

❹ [あなたは…しますか。]

□ ❶ あなたはサッカーをしますか。── はい，します。
　　　── いいえ，しません。私はサッカーをしません。
(1) [Do][you] play soccer?　── Yes, I [do].
(2)　── No, I [do][not]. I [do][not] play soccer.

❺ [私は…できます[できません]。]

□ ❶ 私は泳ぐことができます。 I [can] swim.
□ ❷ 私はピアノをひくことができません。
　　I [cannot] play the piano.

❻ [あなたは…できますか。]

□ ❶ あなたは英語を話すことができますか。
　　　── はい，できます。／いいえ，できません。
(1) [Can][you] speak English?
(2)　── Yes, I [can]. / No, I [cannot].

POINT

❹ [あなたは…しますか。]

一般動詞の疑問文は主語の前にdoを置き，答えの文ではdoやdo notを使う。
・ ☐ You play cricket.　［あなたはクリケットをします。］
・ Do you play cricket?　［あなたはクリケットをしますか。］
　── Yes, I do.　［はい，します。］ / No, I do not.　［いいえ，しません。］
否定文は動詞の前にdo not[don't]を置く。
・ I do not[don't] play cricket.　［私はクリケットをしません。］

❺ [私は…できます[できません]。]

「…できます」は〈can＋動詞のもとの形〉，「…できません」は〈cannot[can't]＋動詞のもとの形〉
で表す。
・ I 　　　 read *hiragana*.　［私はひらがなを読みます。］
・ I 　can　 read *hiragana*.　［私はひらがなを読むことができます。］　〈can＋動詞のもとの形〉
・ I cannot[can't] read kanji.　［私は漢字を読むことができません。］　〈cannot[can't]＋動詞のもとの形〉

❻ [あなたは…できますか。]

canの疑問文はcanを主語の前に置く。答えるときにもcan / cannot[can't]を使う。
・ Can you read kanji?　［あなたは漢字を読むことができますか。］
　── Yes, I can.　［はい，読めます。］ / No, I cannot[can't].　［いいえ，読めません。］

| Step 2 | 予想問題 | Unit 1 New School, New Friends | 20分 (1ページ10分) |

❶ ❶〜❻は単語の意味を，❼〜❿は日本語を英語になおしなさい。

ヒント

☐ ❶ fan （ ） ☐ ❷ often （ ）

☐ ❸ Australia （ ） ☐ ❹ call （ ）

☐ ❺ there （ ） ☐ ❻ but （ ）

☐ ❼ だから，それで＿＿＿＿＿＿ ☐ ❽ ただ…だけ，ほんの＿＿＿＿＿

☐ ❾ …できない ＿＿＿＿＿＿ ☐ ❿ 毎…，…ごとに＿＿＿＿＿

❶
❶日本語にもなっている語。
❷頻度を表す副詞。
❸南半球にある国。
❼アルファベット2文字の単語。
❿「毎日」は，この語の後ろにdayを置いて表す。

❷ （ ）内に入れるのに最も適切な語を，
㋐〜㋓から選んで記号を書きなさい。

☐ ❶ I play （ ）. （ ）
　㋐ food ㋑ cricket ㋒ from ㋓ drink

☐ ❷ Are you from （ ）? （ ）
　㋐ Ms. Brown ㋑ Japanese ㋒ fine ㋓ Kyoto

☐ ❸ I can read kanji a （ ）. （ ）
　㋐ little ㋑ about ㋒ often ㋓ too

❷
❶playに続く単語は何が適切かを考える。
❸直前のaと合わせて2語で，「少し」という意味を表す。

❸ 日本語に合う英文になるように，＿＿＿に適切な語を書きなさい。

☐ ❶ ぼくはジェームズです。ジムと呼んでください。

　I'm James. ＿＿＿＿＿＿ ＿＿＿＿＿＿ Jim.

☐ ❷ 私はラグビーが好きです。あなたはどうですか。

　I like rugby. ＿＿＿＿＿＿ ＿＿＿＿＿＿ you?

☐ ❸ はい，どうぞ。——ありがとう。

　Here you are. —— ＿＿＿＿＿＿ ＿＿＿＿＿＿ .

☐ ❹ 私は日本語を毎日勉強します。

　I study Japanese ＿＿＿＿＿＿ ＿＿＿＿＿＿ .

❸
❷「〜はどうか」と相手に感想や意見をたずねる表現。
❸ ✕ ミスに注意
日本語でも用いられる。つづりに気をつけよう。
❹「毎日」を2語で表す。

❹ 次の_____に適切な語を下から選んで書きなさい。
ただし，同じ語を2度使うことはできません。

☐ ❶ _____ you like badminton? —— Yes, I do.

☐ ❷ _____ you Mr. White? —— No, I'm not.

☐ ❸ I _____ twelve.

☐ ❹ Can you see that ball? —— No, I _____ .

am	are	do	cannot

❺ 次の文を（ ）内の指示にしたがって書きかえるとき，
_____に適切な語を書きなさい。

☐ ❶ You drink green tea. （「〜しますか」という疑問文に）

_____ _____ drink green tea?

☐ ❷ I can play the piano. （「〜できません」という否定文に）

I _____ play the piano.

☐ ❸ A: I like sushi. ——B: I like sushi, too. （下線部とほぼ同じ内容に）

_____ , too.

☐ ❹ I like soccer. （ほぼ同じ内容の文に）

I _____ a soccer _____ .

❻ 次の文に対する応答として適切なものを，
（ ）内を参考に英語で書きなさい。

☐ ❶ Do you speak Japanese? （はい，話します。と答える）

_____

☐ ❷ Can you play the guitar? （いいえ，弾けません。と答える）

_____

ヒント

❹
❶答えの文で何を使っているかに注目。
❷「あなたは…ですか」とたずねている。
❸「私は12歳です」という意味。
❹「できない」と答える。

❺
❶一般動詞の疑問文。
❸「私もです」を2語で表すと？

❹「サッカーが好きです。」→「サッカーの…です。」

❻
❶一般動詞の疑問文に「はい」で答える。コンマをつけ忘れないように注意する。
❷最後にくる単語は2通りの書き方があるが，どちらで書いてもよい。

Unit 1

Step 3 予想テスト : Unit 1 New School, New Friends 30分 /100点 目標 80点

❶ 日本語に合う英文になるように，＿＿に適切な語を書きなさい。知 15点(各完答5点)

❶ 私は佐藤健です。 ＿＿＿ ＿＿＿ Sato Ken.

❷ 私はリンゴが好きです。 ＿＿＿ ＿＿＿ apples.

❸ 私はピアノを弾くことができます。 ＿＿＿ ＿＿＿ ＿＿＿ the piano.

❷ 日本語に合う英文になるように，（ ）内の語を並べかえなさい。知 15点(各5点)

❶ あなたは東京出身ですか。 (from / are / Tokyo / you)?

❷ あなたは日本語を話しますか。 (you / Japanese / do / speak)?

❸ 私はクリケットができません。 (cannot / cricket / I / play).

❸ 次の対話文について（ ）に入れるのに，最も適切な文の記号を書きなさい。知

16点(各8点)

❶ *Girl:* Are you a baseball fan?

Boy: (   ) I'm a basketball fan.

㋐ No, I don't.　　㋑ Yes, I do.　　㋒ No, I'm not.　　㋓ Thank you.

❷ *Boy:* Do you play tennis?

Girl: (   )

㋐ Yes, I do.　　㋑ No, I am not.　　㋒ Yes, I am.　　㋓ Me, too.

❹ 次の対話文を読んで，あとの問いに答えなさい。表 30点

Asami: ①(　　) a good player.

Meg: Thank you. *Arigato.*

Asami: Oh, you speak Japanese.

Meg: Yes, ②(little / just / a).
I study ③it every day,
④but I can't read kanji.

❶ 下線部①が「あなたはじょうずな競技者です。」という意味になるように，
（ ）に適切な１語を書きなさい。 (7点)

❷ 下線部②の（ ）内の語を正しく並べかえなさい。 (8点)

❸ 下線部③が指すものを英語で書きなさい。 (7点)

❹ 下線部④を日本語になおしなさい。 〈8点〉

❺ ベイカー先生が生徒のインタビューに答えました。
ベイカー先生のプロフィールを参考にして,
ベイカー先生になったつもりで, 質問に英語で答えましょう。表 24点(各8点)

【ベイカー先生のプロフィール】
・出身：オーストラリア(Australia)
・スポーツ：テニスをする
・できること：日本語を話す

❶ あなたはどこの出身ですか。

❷ スポーツは何をしますか。

❸ あなたは何ができますか。

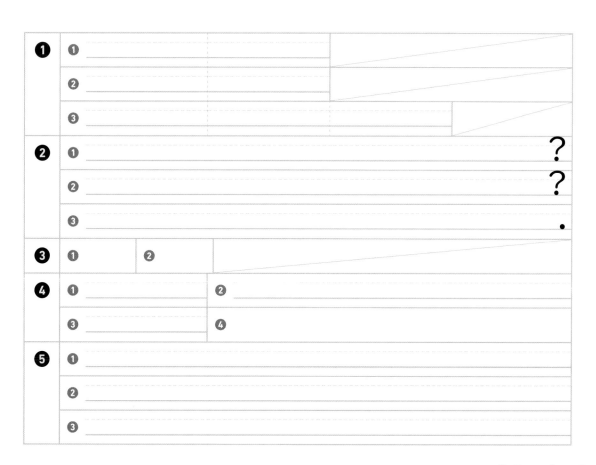

Step 1 基本チェック Unit 2 Our New Teacher ～ Grammar for Communication 1

5分

■ 赤シートを使って答えよう！

❶ [こちら[あちら]は…です。] [彼[彼女]は…です。]

☐ ❶ こちらは隼人です。　　　　　[This][is] Hayato.

☐ ❷ 彼は私のクラスメートです。　[He][is] my classmate.

❷ [これ[あれ]は…ですか。]

☐ ❶ あれはレストランですか。　　[Is][that] a restaurant?
　　── はい，そうです。／　　　Yes, [it] is.
　　── いいえ，ちがいます。　　No, [it] is [not].

❸ [これは何ですか。] [あちらはだれですか。]

☐ ❶ これは何ですか。　　　　　　[What] is this?
　　── それは地図です。　　　　[It] is a map.

☐ ❷ あちらはだれですか。　　　　[Who] is that?
　　── あちらは山田先生です。　[That] is Ms. Yamada.

解答欄

❶ _____ _____

❷ _____

❶ _____ _____
　_____
　_____

❶ _____ _____

❷ _____ _____

POINT

❶ [こちら[あちら]は…です。] [彼は[彼女は]…です。]

近くの人やものを指すときは this，遠くの場合は that で表す。be 動詞は is になる。

・<u>This</u>　<u>is</u>　Kaito.　[こちらは海斗です。]　あとに続く be 動詞は is
　┬　　　┬
　こちらは　です

すでに話題になった男性は he，女性は she を使って表す。

・He　　is　in Class 1B.　[彼は1年B組です。]

❷ [これは[あれは]…ですか。]

This[That] is ...の疑問文は，be 動詞 is を主語 this[that] の前に置く。

　That is a fish market.　[あれは魚市場です。]

・<u>Is</u> that a fish market?　[あれは魚市場ですか。]　クエスチョンマークがつき，文末は上げ調子

　── Yes, it is.　[はい，そうです。]　── No, it is not.　[いいえ，ちがいます。]

❸ [これは何ですか。] [あちらはだれですか。]

・What is this?　[これは何ですか。]　── It is <u>the symbol for "school."</u>　[それは『学校』の記号です。]

ある人がだれなのかをたずねるときは who を使う。

・Who is that?　[あちらはだれですか。]　── That is <u>Josh</u>.　[あちらはジョシュです。]

Step 2 予想問題　Unit 2　Our New Teacher ～ Grammar for Communication 1　10分 （1ページ10分）

❶ ❶～❻は単語の意味を，❼～⓬は日本語を英語になおしなさい。

- ❶ come （　　　　）
- ❷ area （　　　　）
- ❸ market （　　　　）
- ❹ picnic （　　　　）
- ❺ yogurt （　　　　）
- ❻ popular （　　　　）
- ❼ アメリカ合衆国 _____
- ❽ …の近くに _____
- ❾ シンボル，象徴 _____
- ❿ …もまた，そのうえ _____
- ⓫ 私たちの _____
- ⓬ 先生，教師 _____

❷ （　）内に入れるのに最も適切な語を，㋐～㋓から選んで記号を書きなさい。

- ❶ This is Mr. Oka. （　　） is from Saitama. （　　）
  - ㋐ It　㋑ That　㋒ She　㋓ He
- ❷ I usually have （　　） for breakfast. （　　）
  - ㋐ map　㋑ toast　㋒ nice　㋓ bike
- ❸ That is a good restaurant. It's always （　　）. （　　）
  - ㋐ crowded　㋑ hungry　㋒ green　㋓ fine

❸ 日本語に合う英文になるように，____に適切な語を書きなさい。

- ❶ やあ，ケン。おはようございます！

  _____, Ken. Good _____!
- ❷ こんにちは，ブラウン先生。はじめまして。

  Hello, Ms. Brown. _____ to _____ you.
- ❸ 私は野球が好きです。あなたはどうですか。

  I like baseball. _____ _____ you?
- ❹ 私はたいていみそ汁を飲みます。—— よさそうですね！

  I usually have miso soup. —— _____ nice!

ヒント

❶
- ❶動作を表す言葉。
- ❹日本語にもなっている語。
- ❼国の名前は大文字で始める。

❷
- ❶ ✗ ミスに注意
  Mr. Okaを言いかえる言葉。男性か女性かで異なる。
- ❷ have は eat と同じ意味を表す。

❸
- ❶helloよりもくだけた表現。
- ❷初めて人に会ったときの定番表現。
- ❸「～はどうか」と相手に感想や意見をたずねる表現。
- ❹「…そうですね」を表す言葉。

Step 3 予想テスト Unit 2 Our New Teacher ～ Grammar for Communication 1

30分 /100点 目標 80点

❶ 日本語に合う英文になるように，＿＿に適切な語を書きなさい。知　15点(各完答5点)

❶ こちらは戸田先生です。　＿＿＿ ＿＿＿ Mr. Toda.

❷ あれは寿司店ですか。　＿＿＿ ＿＿＿ a sushi restaurant?

❸ これは何ですか。　＿＿＿ ＿＿＿ this?

❷ 日本語に合う英文になるように，（　）内の語(句)を並べかえなさい。知　15点(各5点)

❶ 彼女はフィリピン出身ではありません。（ the Philippines / is / she / from / not).

❷ 彼は私たちの新しい先生です。（ teacher / he / our / is / new).

❸ あなたは昼食に何を食べますか。（ have / do / you / what) for lunch?

❸ 次の対話文について（　）に入れるのに，最も適切な文の記号を書きなさい。知

16点(各8点)

❶ *Girl:*　Is that a restaurant?

　Boy:　（　　）

　㋐ Yes, I am.　㋑ No, I don't.　㋒ Yes, I can.　㋓ No, it is not.

❷ *Boy:*　Who is that?

　Girl:　（　　）

　㋐ That is Josh.　㋑ Yes, it is.　㋒ This is a map.　㋓ No, I'm not.

❹ 次の対話文を読んで，あとの問いに答えなさい。表　30点

> *Asami:*　①Do you live around here?
> *Mr. Cook:*　Yes, I do.
> *Asami:*　②（　　）do you come to school?
> 　　　　③（　　）bike?
> *Mr. Cook:*　No. ④(school / I / to / walk).

❶ 下線部①を日本語になおしなさい。　(8点)

❷ 下線部②が「あなたはどのように学校に来ますか。」という意味になるように，
（　）に適切な1語を書きなさい。　(7点)

❸ 下線部③に入る1語を次から選び，記号で答えなさい。　(7点)
　㋐ In　㋑ By　㋒ On　㋓ For

❹ 下線部④の（　）内の語を正しく並べかえなさい。　　　　　　　　　　　　　　　　　　（8点）

❺ 生徒がブラウン先生にインタビューをしました。
　メモとブラウン先生の答えを参考にして，
　❶，❷，❸に入る質問文を英語で答えましょう。表　　　　　　　　24点（各8点）

```
【ブラウン先生へのインタビュー】
□生徒：┃          ❶          ┃
　　ブラウン先生：── Yes.  I am from Australia.
□生徒：┃          ❷          ┃
　　ブラウン先生：── I have toast for breakfast.
□生徒：┃          ❸          ┃
　　ブラウン先生：── I like basketball.
```

```
メモ
質問①　出身地がオーストラ
リアかどうかを確認。
質問②　朝食に何を食べるか。
質問③　何が好きかを聞く。
```

❶	❶	
	❷	
	❸	

❷	❶	．
	❷	．
	❸	for lunch?

| ❸ | ❶ | ❷ | |

❹	❶		
	❷	❸	
	❹		．

❺	❶	
	❷	
	❸	

Step 1 基本チェック ・ Unit 3 Club Activities ～ Grammar for Communication 2

 10分

■ 赤シートを使って答えよう！

❶ [どこで[に]…ですか。]

解答欄

□❶ あなたたちはどこで勉強しますか。[Where] do you study?
　　——私たちは教室で勉強します。We study [in] our classroom.

□❷ あなたはどこに住んでいますか。[Where] do you live?
　　——私はミドリ市に住んでいます。I live [in] Midori City.

□❸ あなたのかばんはどこにありますか。[Where] is your bag?
　　——それは机の上にあります。It is [on] the desk.

❶ _____

❷ _____

❸ _____

❶ _____

❷ [いつ…ですか。]

□❶ あなたの誕生日はいつですか。[When] is your birthday?
　　——それは5月18日です。It is [May] 18.

□❷ あなたはいつサッカーをしますか。[When] do you play soccer?
　　——私は日曜日にそれをします。I play it on [Sunday(s)].

❷ _____

POINT

❶ [どこで[に]…ですか。]

場所をたずねるときは疑問詞where「どこで[に]」を文のはじめに置き，疑問文の形を続ける。

　　　Do you practice in the music room? [あなたたちは音楽室で練習しますか。]

・Where do you practice? [あなたたちはどこで練習しますか。]
　「どこで」　　　└ 疑問詞の後ろは一般動詞の疑問文と同じ語順

・Where is Midori Hall? [緑ホールはどこですか。]
　「どこ」　　　└ 疑問詞の後ろはbe動詞の疑問文と同じ語順

❷ [いつ…ですか。]

日時や時をたずねるときは疑問詞when「いつ」を文のはじめに置き，疑問文の形を続ける。

　　Is the next concert on July 5? [次のコンサートは7月5日ですか。]

・When is the next concert? [次のコンサートはいつですか。]
　「いつ」　　　└ 疑問詞の後ろはbe動詞の疑問文と同じ語順

・When do you study English? [あなたはいつ英語を勉強しますか。]
　　　　　└ 疑問詞の後ろは一般動詞の疑問文と同じ語順

❸ […したい／…になりたい]

□ ❶ 私は野球をしたい。 I [want] [to] play baseball.

□ ❷ 私はオーストラリアに行きたい。

　　 I [want] [to] go to Australia.

□ ❸ 私は先生になりたい。

　　 I [want] [to] [be] a teacher.

□ ❹ 私は上手なテニス選手になりたい。

　　 I [want] [to] [be] a good tennis player.

❹ [いくつ…ですか。]

□ ❶ あなたは帽子を何個持っていますか。

　　—— 私は帽子を 2 個持っています。

(1) [How] [many] caps do you have?

(2) I have [two] [caps].

□ ❷ あなたは何個のかばんを持っていますか。

　　—— 私は 3 個持っています。

(1) [How] [many] bags do you have?

(2) I have [three].

解答欄

❶ ＿＿＿ ＿＿＿

❷ ＿＿＿

❸ ＿＿＿

＿＿＿

❹ ＿＿＿

＿＿＿

❶(1) ＿＿＿

(2) ＿＿＿

❷(1) ＿＿＿

(2) ＿＿＿

POINT

❸ […したい／…になりたい]

「…したい」は，〈want to …〉で表す。

　　I 　　　　 win the game. ［私は試合に勝ちます。]

・I want to win the game. ［私は試合に勝ちたいです。]

　　　「…したい」

「…になりたい」は，〈want to be …〉で表す。

　　I 　am　 a good soccer player. ［私はよいサッカー選手です。]

・I want to be a good soccer player. ［私はよいサッカー選手になりたいです。]

　　　「…になりたい」

❹ [いくつ…ですか。]

「いくつ」と数をたずねるときは，〈How many ＋名詞の複数形〉を文のはじめに置き，疑問文の形を続ける。

　　　　　　　　　　　Do you have two rackets? ［あなたは 2 本のラケットを持っていますか。]

・How many rackets do you have? ［あなたは何本のラケットを持っていますか。]

　「いくつ」 名詞の複数形 └─一般動詞の疑問文と同じ語順

　—— I have two rackets. ［私は 2 本のラケットを持っています。]

Step 2 予想問題 : **Unit 3　Club Activities**
〜 Grammar for Communication 2 **20分**
(1ページ10分)

❶ ①〜⑥は単語の意味を，⑦〜⑫は日本語を英語になおしなさい。 🔍ヒント

☐ ❶ bottle 　(　　　　)　☐ ❷ fifth 　(　　　　)

☐ ❸ trumpet 　(　　　)　☐ ❹ towel 　(　　　)

☐ ❺ shoe 　(　　　　)　☐ ❻ those 　(　　　)

☐ ❼ 演奏会 ＿＿＿＿＿＿　☐ ❽ …に勝つ ＿＿＿＿＿＿

☐ ❾ 週，1週間 ＿＿＿＿　☐ ❿ いつか ＿＿＿＿＿＿

☐ ⓫ 活動 ＿＿＿＿＿＿＿　☐ ⓬ 女性，女の人＿＿＿＿

❶
❶日本語にもなっている語。
❷順序を表す。
❸楽器の名前。
❹日本語にもなっているが，発音の違いに注意しよう。
⓬「男性，男の人」
＝ man

❷ ( )内に入れるのに最も適切な語を，㋐〜㋓から選んで記号を書きなさい。

☐ ❶ I (　) my racket to practice.　(　　)
　　㋐ play　㋑ come　㋒ bring　㋓ like

☐ ❷ The station is (　) our school.　(　　)
　　㋐ near　㋑ first　㋒ cool　㋓ good

☐ ❸ I have a game today. I'm (　　).　(　　)
　　㋐ practice　㋑ July　㋒ soccer　㋓ excited

❷
❶「練習にラケットを」どうするのか。
❷位置関係を表す語。
❸1文目は「今日は試合があります」という意味。気持ちを表す語が入る。

❸ 日本語に合う英文になるように，＿＿＿に適切な語を書きなさい。

☐ ❶ お元気ですか。
　＿＿＿＿＿＿ ＿＿＿＿＿＿ you?

☐ ❷ 幸運を祈ります。
　＿＿＿＿＿＿ ＿＿＿＿＿＿.

☐ ❸ 彼らは吹奏楽団に入っています。
　＿＿＿＿＿＿ in the brass band.

☐ ❹ 私は日曜日が休みです。
　I ＿＿＿＿＿＿ ＿＿＿＿＿＿ on Sundays.

❸
❶人に会ったときにかわす定番表現。
❷ ✖ ミスに注意
　2語目のつづりに気をつけよう。
❸They are「彼らは…です」を短縮形で1語で表す。

❹ 次の＿＿＿に適切な語を下から選んで書きなさい。
ただし，同じ語を2度使うことはできません。

☐❶ ＿＿＿＿＿＿ is that? —— It is my bag.

☐❷ ＿＿＿＿＿＿ do you live? —— I live in Tokyo.

☐❸ ＿＿＿＿＿＿ is the next game? —— It's on June 5.

☐❹ ＿＿＿＿＿＿ is that man? —— He is Mr. Oka.

☐❺ Hello. —— Hello. ＿＿＿＿＿＿ are you?

> Who　　Where　　When　　What　　How

❹ 答えの内容から，質問としてふさわしい疑問詞を選ぼう。

Unit 3 ~ Grammar for Communication 2

❺ 次の文を（ ）内の指示にしたがって書きかえるとき，
＿＿＿に適切な語を書きなさい。

☐❶ I have four caps. （下線部が答えの中心となる疑問文に）
＿＿＿＿＿ ＿＿＿＿＿ caps do you have?

☐❷ I come to school by bike. （下線部が答えの中心となる疑問文に）
＿＿＿＿＿ do you come to school?

☐❸ I want to sing well. （ほぼ同じ内容の文に）
I ＿＿＿＿＿ ＿＿＿＿＿ ＿＿＿＿＿ a good singer.

❺
❶「いくつ」と数をたずねる疑問文にする。
❷「どのようにして」と方法・手段をたずねる疑問文にする。
❸「じょうずに歌いたい」→「じょうずな歌手になりたい」

❻ 次の文に対する応答として適切なものを，
（ ）内を参考に英語で書きなさい。

☐❶ Where do you study? （私の部屋で。と答える）

☐❷ When do you practice the piano? （金曜日に。と答える）

☐❸ What do you want to be? （先生になりたい。と答える）

❻
❶「…で」と場所を表す単語は？
❷「…に」と日時を表す単語は？

Step 3 予想テスト · **Unit 3　Club Activities ～ Grammar for Communication 2** 🕐 30分 　／100点　目標80点

---

❶ 日本語に合う英文になるように，＿＿に適切な語を書きなさい。[知]　15点（各完答5点）

❶ 私はピアノを弾きたいです。　I ＿＿＿＿ ＿＿＿＿ play the piano.

❷ あなたはどこで昼食を食べますか。　＿＿＿＿ ＿＿＿＿ you have lunch?

❸ あの女性はだれですか。　＿＿＿＿ ＿＿＿＿ that woman?

---

❷ 日本語に合う英文になるように，（　）内の語を並べかえなさい。[知]　15点（各5点）

❶ あなたの誕生日はいつですか。　(is / birthday / when / your)?

❷ あなたは何個のかばんを持っていますか。　(you / many / have / how / do / bags)?

❸ 私はバスケットボール選手になりたいです。　(a / to / player / want / be / I / basketball).

---

❸ 次の対話文について（　）に入れるのに，最も適切な文の記号を書きなさい。[知]

16点（各8点）

❶ *Girl:* （　　）

Boy: I'm fine. Thank you.

㋐ Who are you?　　㋑ Where is that?　　㋒ How are you?　　㋓ What's this?

❷ *Boy:* How many rackets do you have?

Girl: （　　）

㋐ No, I'm not.　　㋑ I have three.　　㋒ In the music room.　　㋓ Cool!

---

❹ 次の対話文を読んで，あとの問いに答えなさい。[表]　30点

Meg: ①(　　) do you practice?

Asami: We practice five days a week.
②We're off on Tuesdays and Sundays.

Meg: I see. ③(men / are / who / those)?

Asami: They're our ④(coach).
They come on Fridays.

❶ 下線部①が「あなたたちはいつ練習しますか。」という意味になるように，
（　）に適切な１語を書きなさい。　　　　　　　　　　　　　　　　　　　（7点）

❷ 下線部②を日本語になおしなさい。　　　　　　　　　　　　　　　　　　（8点）

---

❸ 下線部③の( )内の語を正しく並べかえなさい。 （8点）

❹ 下線部④を適切な形になおしなさい。 （7点）

❺ 生徒がグリーン先生にインタビューをしました。先生の回答を参考にして，グリーン先生になったつもりで，質問に英語で答えましょう。表 24点（各8点）

【グリーン先生の回答】
・登校の方法：歩き
・住んでいるところ：私たちの学校の近く
・バスケットボール：日曜日

❶ How do you come to school?

❷ Where do you live?

❸ When do you play basketball?

❶	❶		
	❷		
	❸		
❷	❶		?
	❷		?
	❸		.
❸	❶	❷	
❹	❶	❷	
	❸	?	❹
❺	❶		
	❷		
	❸		

Step 1 基本チェック · Unit 4　Friends in New Zealand ～ Grammar for Communication 3 〔5分〕

■ 赤シートを使って答えよう！

❶ […してください] […をしないでください]

□❶ 私たちの市に来てください。[Come] to our city, please.

□❷ ピアノを弾かないで。[Don't] play the piano.

❷ [何時ですか。] [何時に…しますか。]

□❶ 何時ですか。 [What] [time] is it?

□❷ あなたは朝食を何時に食べますか。

[What] [time] do you have breakfast?

❸ [どんな…が好きですか。] [何の…をしますか。]

□❶ あなたはどんな動物が好きですか。

[What] animals do you like?

□❷ あなたは何のスポーツをしますか。

[What] sport do you play?

解答欄

❶ _____

❷ _____
_____

❶ _____

❷ _____

❶ _____

❷ _____

POINT

❶ […してください] […をしないでください]

相手に「…してください」と指示や助言をするときは，動詞のもとの形（原形）で文を始める。

・Come to the front.　[前に来なさい。]　動詞のもとの形（原形）

　Be brave.　[勇気を出して。]

相手に「…しないでください」と指示や助言をするときは，文のはじめにDon'tを置く。

・Don't worry.　[心配しないで。]　文のはじめにDon't

❷ [何時ですか。] [何時に…しますか。]

「何時」と時刻をたずねるときは，what timeを使う。

・What time is it?　[何時ですか。] ── It is noon.　[正午です。]

　「何時」　　　時刻をたずねるときは，itを使う。答えるときは〈It is ～.〉となる。

・What time do you have lunch?　[あなたたちは昼食を何時に食べますか。]

❸ [どんな…が好きですか。] [何の…をしますか。]　　what timeの後ろは疑問文の形

「どんな…」「何の…」とたずねるときは，〈What＋名詞 …?〉の形を使う。

・What sport do you like?　[あなたは何のスポーツが好きですか。]

　〈What＋名詞〉　　〈What＋名詞〉の後ろは一般動詞の疑問文の形

Step 2 予想問題 Unit 4 Friends in New Zealand ～ Grammar for Communication 3

10分
(1ページ10分)

❶ ❶～❻は単語の意味を，❼～❿は日本語を英語になおしなさい。

□❶ noon （　　　　　） □❷ now （　　　　　）

□❸ o'clock （　　　　　） □❹ break （　　　　　）

□❺ national （　　　　　） □❻ round （　　　　　）

□❼ …のあとに[で]＿＿＿＿＿＿ □❽ いくつかの ＿＿＿＿＿＿

□❾ (授業の)時間, 時限＿＿＿＿ □❿ …を意味する ＿＿＿＿＿

❷ （　）内に入れるのに最も適切な語を，
㋐～㋓から選んで記号を書きなさい。

□❶ This apple is round （　　） a ball. （　　　　）
　㋐ like　㋑ now　㋒ or　㋓ at

□❷ Don't be （　　）. You can do it. （　　　　）
　㋐ worry　㋑ little　㋒ good　㋓ nervous

□❸ Enjoy （　　）. （　　　　）
　㋐ you　㋑ your　㋒ yourself　㋓ I

❸ 日本語に合う英文になるように，＿＿＿に適切な語を書きなさい。

□❶ 英語を勉強してください。

＿＿＿＿＿＿＿＿＿ English.

□❷ 何時ですか。──午前10時です。

＿＿＿＿＿＿ ＿＿＿＿＿＿ is it?

── ＿＿＿＿＿＿ ten a.m.

□❸ あなたは何時にサッカーを練習しますか。

＿＿＿＿＿＿ ＿＿＿＿＿＿ do you practice soccer?

□❹ あなたはどんな食べ物が好きですか。

＿＿＿＿＿＿ ＿＿＿＿＿＿ do you like?

ヒント

❶
❶お昼の12時のこと。
❸時刻を表すときに使う単語。
❹一息入れることを意味する。

❾つづりに気をつけよう。

❷
❶リンゴの形がボールに似ていると言っている。
❷ ✕ ミスに注意
Don't の後ろに be があることに注目。
❸「楽しんでください」という意味を表す。

❸
❶「…してください」は動詞のもとの形で文を始める。
❷答えの空所には短縮形の語が入る。
❹〈What＋名詞 …?〉の文。

点UP

Step 3 予想テスト ・・・ **Unit 4　Friends in New Zealand ~ Grammar for Communication 3** 30分　/100点　目標 80点

❶ 日本語に合う英文になるように，＿＿に適切な語を書きなさい。㊝　　15点（各完答5点）

❶ 学校に歩いて行きなさい。　＿＿＿＿ to school.

❷ 日本語を話さないでください。　＿＿＿＿ speak Japanese.

❸ あなたは何の動物が好きですか。　＿＿＿＿ ＿＿＿＿ do you like?

❷ 日本語に合う英文になるように，（　）内の語を並べかえなさい。㊝　　15点（各5点）

❶ 何時ですか。　(it / time / is / what)?

❷ 自転車で来ないでください。　(bike / come / don't / by).

❸ あなたは何時にバドミントンをしますか。
(time / play / what / badminton / you / do)?

❸ 次の対話文について（　）に入れるのに，最も適切な文の記号を書きなさい。㊝

16点（各8点）

❶ *Girl:*　I'm so nervous.
Boy:　（　　）
　㋐ You are Asami.　㋑ It's a little cold.　㋒ No, I can't.　㋓ Don't worry.

❷ *Boy:*　（　　）
Girl:　I like tennis.
　㋐ Where is that?　㋑ How many rackets do you have?
　㋒ What sport do you like?　㋓ Are you hungry?

❹ 次の対話文を読んで，あとの問いに答えなさい。㊟　　30点

> *Asami:*　What's "morning tea"?
> *David:*　①It's a short break after second period.
> 　　　　　We eat some fruit or snacks ②(　　) the break.
> *Asami:*　That's interesting!
> 　　　　　③(time / lunch / you / what / have / do)?
> *David:*　④At one.

❶ 下線部①Itがさすものを対話文中の2語で書きなさい。　　(7点)

❷ 下線部②が「休み時間の間に」という意味になるように，（　）に適切な1語を書きなさい。

(7点)

❸ 下線部③の（　）内の語を正しく並べかえなさい。 (8点)

❹ 下線部④を主語と動詞を明らかにして，日本語になおしなさい。 (8点)

❺ インターネット電話を利用して，
ニュージーランド（New Zealand）に住むデイビッドに，
日常生活についてたずねます。メモを参考にして，質問を英語で書きましょう。表

24点（各8点）

> 【デイビッドに聞きたいこと】
> 質問❶：朝食を食べる時刻
> 質問❷：ニュージーランドの天気はどうか
> 質問❸：好きな季節

❶ ❶ ＿＿＿＿＿＿＿＿＿
　❷ ＿＿＿＿＿＿＿＿＿
　❸ ＿＿＿＿＿＿＿＿＿

❷ ❶ ＿＿＿＿＿＿＿＿＿ ？
　❷ ＿＿＿＿＿＿＿＿＿ ・
　❸ ＿＿＿＿＿＿＿＿＿ ？

❸ ❶ ＿＿ ❷ ＿＿＿＿＿＿＿

❹ ❶ ＿＿＿＿＿＿＿＿＿
　❷ ＿＿＿＿＿＿＿＿＿
　❸ ＿＿＿＿＿＿＿＿＿ ？
　❹ ＿＿＿＿＿＿＿＿＿

❺ ❶ ＿＿＿＿＿＿＿＿＿
　❷ ＿＿＿＿＿＿＿＿＿
　❸ ＿＿＿＿＿＿＿＿＿

Step 1 基本チェック · Unit 5　A Japanese Summer Festival ～ Stage Activity 1 10分

■ 赤シートを使って答えよう！

❶ […のそばに] […の下に] […の上に] […の中に]

解答欄

□❶ ケンは机のそばにいます。　Ken is [by] the desk.

□❷ ベンチの下にイヌがいます。　A dog is [under] the bench.

□❸ 舞台上のあの生徒を見なさい。
　　Look at that student [on] the stage.

□❹ 青い浴衣を着ている少女はメグです。
　　The girl [in] the blue *yukata* is Meg.

❶ ＿＿＿＿＿＿

❷ ＿＿＿＿＿＿

❸ ＿＿＿＿＿＿

❹ ＿＿＿＿＿＿

❷ […することが好きだ] […することを楽しむ]

□❶ 私は歌うことが好きです。　I like [singing].

□❷ 私はバスケットボールをすることを楽しみます。
　　I enjoy [playing] basketball.

❶ ＿＿＿＿＿＿

❷ ＿＿＿＿＿＿

POINT

❶ […のそばに] […の下に] […の上に] […の中に]

ものや人の位置を表すときは，by, in, on, under などの前置詞を使う。

・Meg is by the bench.　[メグはベンチのそばにいます。]

・Look at the bench under the tree.　[木の下のベンチを見なさい。]

・Look at the people on the stage.　[舞台上の人々を見なさい。]

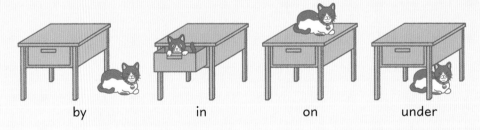

by　　　　　in　　　　　on　　　　　under

❷ […することが好きだ] […することを楽しむ]

like や enjoy のあとに，…ing という形の語を置くと，「…することが好きだ」「…して楽しむ」という意味になる。

・I like dancing.　[私はおどることが好きです。]
　　　　…ing の形で「…すること」を表す。

・I enjoy dancing.　[私はおどって楽しみます。]

❸ […(すること)が得意だ]

□ ❶ 私は歌うことが得意です。 I am good at [singing].

□ ❷ 私はピアノを弾くことが得意です。

I am good at [playing] the piano.

❹ […しました] […でした]

□ ❶ 私たちは花火を見ることを楽しみました。

We [enjoyed] seeing fireworks.

□ ❷ 私は昨日自転車で学校に行きました。

I [went] to school by bike yesterday.

□ ❸ 私は午前7時に朝食を食べました。

それはとてもおいしかったです。

(1) I [ate] breakfast at seven a.m.

(2) It [was] delicious.

□ ❹ 私たちはたくさんの人々を見ました。

We [saw] lots of people.

解答欄

❶ _____
❷ _____
❶ _____
❷ _____
❸ (1) _____
(2) _____
❹ _____

POINT

❸ […(すること)が得意だ]

「…(すること)が得意だ」は，〈be good at …ing〉で表す。

・I　　like　　dancing. [私はおどることが好きです。]

・I am good at dancing. [私はおどることが得意です。]
　　　　　　 └─ dance の…ing 形

❹ […しました] […でした]

過去にしたことなどを表すには，動詞の形を過去形にする。過去形は大きく2つに分類される。

①規則動詞…動詞のもとの形に (e)d をつける。

・We　enjoy　dancing. [私たちはおどりを楽しみます。]

・We enjoyed dancing yesterday. [私たちは昨日おどりを楽しみました。]

例 play-played　want-wanted　try-tried　cook-cooked　use-used

watch-watched　など

②不規則動詞…動詞そのものの形が変わる。

・I　go　to the summer festival every year. [私は毎年夏祭りに行きます。]

・I went to the summer festival yesterday. [私は昨日夏祭りに行きました。]

・This apple　is　delicious. [このリンゴはとてもおいしいです。]

・The　apple was delicious. [そのリンゴはとてもおいしかったです。]

例 see-saw　have-had　eat-ate　など

Step 2 予想問題 **Unit 5　A Japanese Summer Festival ～ Stage Activity 1**

20分
(1ページ10分)

❶ ❶～❻は単語の意味を，❼～⓬は日本語を英語になおしなさい。　💡ヒント

□❶ hair （　　　　　）　□❷ bench （　　　　　）

□❸ stage （　　　　　）　□❹ shy （　　　　　）

□❺ candy （　　　　　）　□❻ yesterday （　　　　　）

□❼ 静かな ＿＿＿＿＿＿　□❽ 人々 ＿＿＿＿＿＿

□❾ 何か，あるもの ＿＿＿＿＿　□❿ 考え，アイディア ＿＿＿＿＿

□⓫ 祭り，催し物 ＿＿＿＿＿　□⓬ 映画 ＿＿＿＿＿

❶
❶体の一部をさす語。
❷座るためのもの。
❹性格を表す語。
❻過去の時を表す。

❷ （　）内に入れるのに最も適切な語を，
　㋐～㋓から選んで記号を書きなさい。

□❶ I'm （　　）. I want to drink some water. （　　）
　㋐ popular　㋑ thirsty　㋒ shy　㋓ crowded

□❷ We play tennis. We （　　）rackets. （　　）
　㋐ go　㋑ mean　㋒ walk　㋓ need

□❸ Where is Akai Hall? ——It's （　　） there. （　　）
　㋐ over　㋑ by　㋒ on　㋓ in

❷
❶「のどのかわいた」という状態を表す語。
❷「私たちはテニスをします」→「ラケットが必要です」
❸空所の語とthereで「あそこに」という意味を表す。

❸ 日本語に合う英文になるように，＿＿＿に適切な語を書きなさい。

□❶ あのイヌを見てください。
＿＿＿＿＿ ＿＿＿＿＿ that dog.

□❷ さあ，マイク。焼きそばを食べよう！
＿＿＿＿＿ ＿＿＿＿＿, Mike. Let's eat *yakisoba*!

□❸ いいえ，けっこうです。
No, ＿＿＿＿＿ ＿＿＿＿＿.

□❹ 私はたくさんのくつを持っています。
I have ＿＿＿＿＿ ＿＿＿＿＿ shoes.

❸
❶「…を見る」は2語で表す。
❷「さあ」という意味のほかに，「がんばれ」という意味もある。
❹「たくさんの」を2語で表す。

4 次の＿＿＿に適切な語を下から選んで書きなさい。
ただし，同じ語を2度使うことはできません。

☐ **①** I'm ＿＿＿＿＿＿＿ the basketball team.

☐ **②** A dog is ＿＿＿＿＿＿＿ the tree.

☐ **③** Ms. White came to Japan ＿＿＿＿＿＿＿ January.

☐ **④** Our school is ＿＿＿＿＿＿＿ the station.

☐ **⑤** We study English ＿＿＿＿＿＿＿ school.

by	in	on	under	at

5 次の文を（　）内の指示にしたがって書きかえるとき，
＿＿＿に適切な語を書きなさい。

☐ **①** I see people in *yukata*. （過去の文に）

I ＿＿＿＿＿＿＿ people in *yukata* yesterday.

☐ **②** I usually eat breakfast at seven a.m. （過去の文に）

I ＿＿＿＿＿＿＿ breakfast at seven a.m. yesterday.

☐ **③** We go to the park every Sunday. （過去の文に）

We ＿＿＿＿＿＿＿ to the park yesterday.

点UP ☐ **④** I enjoyed myself. （ほぼ同じ内容の文に）

I ＿＿＿＿＿＿＿ a great time.

6 次の文に対する応答として適切なものを，
（　）内を参考に英語で書きなさい。

☐ **①** Are you a good soccer player? （得意ではない，と答える）

No. ＿＿＿＿＿＿＿＿＿＿＿＿＿＿＿＿＿＿＿＿＿

☐ **②** Where is Mr. Sakamoto? （舞台の上にいる，と答える）

＿＿＿＿＿＿＿＿＿＿＿＿＿＿＿＿＿＿＿＿＿＿＿＿

［解答 ▶ p.7］ **27**

💡ヒント

4
ものや人の位置を表す
前置詞を選ぶ。
by「【場所】…のそばに」
in「【時間】…に」
on「【所属】…の一員で」
under「…の下に」
at「【場所】…で」

5 **❌ミスに注意**
①②③ see も eat も go
も不規則動詞なので，
動詞そのものの形が
変わる点に注意する。
④「私は楽しく過ごし
ました」→「私はすば
らしい時を過ごしま
した」

6
①「…が得意だ」は，be
good at …ing で表
す。否定文は，not
を be 動詞の後ろに
置けばよい。
②「【場所】…の上に」は
前置詞 on を使う。
Mr. Sakamoto は代
名詞に書きかえる。

Unit 5 ～ Stage Activity 1

Step 3 予想テスト ・ **Unit 5　A Japanese Summer Festival** ⏱ **30分** / 100点 目標80点
～ Stage Activity 1

---

❶ 日本語に合う英文になるように，＿＿に適切な語を書きなさい。知　15点(各完答5点)

❶ 山田先生はベンチのそばにいます。　Mr. Yamada is ＿＿＿ the bench.

❷ 私は歌うことが好きです。　I ＿＿＿ ＿＿＿.

❸ 私たちは夏祭りを楽しみました。　We ＿＿＿ the summer festival.

❷ 日本語に合う英文になるように，（　）内の語(句)を並べかえなさい。知　15点(各5点)

❶ 赤い浴衣を着ている少女はアサミです。

(is / *yukata* / the girl / the red / Asami / in).

❷ 私はイヌと一緒にジョギングするのが好きです。　(my dog / I / jogging / like / with).

❸ 私たちはすばらしい時を過ごしました。　(time / had / we / great / a).

❸ 次の対話文について（　）に入れるのに，最も適切な文の記号を書きなさい。知

16点(各8点)

❶ *Boy:*　Where is Minato station?

Girl:　（　　）

㋐ By bike.　㋑ Come on.　㋒ Around the pond.　㋓ It's over there.

❷ *Boy:*　I'm hungry.

Girl:　（　　）

㋐ That's a good idea.　㋑ Nice *yukata*.

㋒ Let's eat something.　㋓ Thank you.

❹ 次の対話文を読んで，あとの問いに答えなさい。表　30点

Asami:　Josh, you're good at dancing!

Josh:　Thanks. ①I (　　　) (　　　).

Come on, Asami.　Let's dance together.

Asami:　Umm. ②No, thank you.

③(at / not / dancing / good / I'm).

Josh:　④Don't be (　　　). You can do it!

❶ 下線部①が「私はおどることが好きです」という意味になるように，

（　）に適切な1語をそれぞれ書きなさい。　(7点)

❷ 下線部②を日本語になおしなさい。　(8点)

❸ 下線部③の（　）内の語を正しく並べかえなさい。 (8点)

❹ 下線部④が「恥ずかしがらないでください」という意味になるように，
　　（　）に適切な1語を書きなさい。 (7点)

❺ 校内の掲示板に自己紹介ポスターをはることになりました。アサミのメモを参考に
　して，アサミになったつもりで自己紹介文を書きましょう。表　　24点（各8点）

> ❶ 好きなこと：英語を勉強すること
> ❷ 得意なこと：ピアノを弾くこと
> ❸ 今年（this year）行ったところ：オーストラリア（Australia）

Step 1 基本チェック

Unit 6　A Speech about My Brother ～ Grammar for Communication 4

5分

■ 赤シートを使って答えよう！

❶ [三単現(三人称単数現在形)の文]

解答欄

□❶ 私は英語を勉強します。　I [study] English.

❶

□❷ ユミはピアノを弾きます。　Yumi [plays] the piano.

❷

❷ [三単現の否定文]

□❶ 私はカメラを持っていません。　I [do] [not] have a camera.

❶

□❷ メグは日本語を話しません。

　　Meg [does] [not] speak Japanese.

❷

❸ [三単現の疑問文]

□❶ ブラウン先生は学校に歩いて来ますか。

❶ (1)

　　――はい，歩いて来ます。／いいえ，歩いて来ません。

(2)

(1) [Does] Ms. Brown walk to school?

(2) ―― Yes, she [does]. / No, she [does] [not].

POINT

❶ [三単現(三人称単数現在形)の文]

主語がI，you以外で単数の場合，動詞にはsまたはesがつく。

・　I　　　live　　in Cebu.　[私はセブに住んでいます。]

・Takuya　lives　in Cebu.　[卓也はセブに住んでいます。]

I，you以外で単数 ── └sをつける

❷ [三単現の否定文]

否定文では動詞の前にdoes not[doesn't]を置く。このとき動詞には，sやesをつけない。

・Takuya　　　　　writes a blog.　[卓也はブログを書きます。]

・Takuya does not write a blog.　[卓也はブログを書きません。]

　　　　動詞の前に置く └sはつけない

❸ [三単現の疑問文]

疑問文では主語の前にdoesを置く。このとき動詞には，sやesをつけない。

・Does Takuya　　like Filipino food?　[卓也はフィリピン料理が好きですか。]

主語の前にdoesを置く。└sはつけない

　　―― Yes, he does. / No, he does not.　[はい，好きです。／いいえ，好きではありません。]

Step 2 予想問題 · Unit 6　A Speech about My Brother ~ Grammar for Communication 4

30分
(1ページ10分)

❶ ❶～❻は単語の意味を，❼～⓬は日本語を英語になおしなさい。 💡ヒント

□❶ blog （　　　　　）　　□❷ local （　　　　　）

□❸ his （　　　　　）　　□❹ student （　　　　　）

□❺ language （　　　　　）　　□❻ problem （　　　　　）

□❼ 週末 ＿＿＿＿＿＿　　□❽ カメラ ＿＿＿＿＿＿

□❾ だれか，だれも ＿＿＿＿＿＿　　□❿ 質問 ＿＿＿＿＿＿

□⓫ …を借りる ＿＿＿＿＿＿　　□⓬ （…を）開く，あく ＿＿＿＿＿＿

❶
❶日本語にもなっている語。
❺日本語や英語などをさす。
❻やっかいなことやめんどうなこと。
❼「平日」はweekdayという。

❷ 次の各組の下線部の発音が同じなら〇，異なれば×を書きなさい。

□❶ Asian （　　　）　　□❷ post （　　　）
　　c_ame　　　　　　　　　　　s_omething

□❸ mi_x （　　　）　　□❹ st_udent （　　　）
　　hi_s　　　　　　　　　　　　_under

❷
声に出して発音しながら考えよう。

❸ （　）内に入れるのに最も適切な語を，
　㋐～㋢から選んで解答欄に記号を書きなさい。

□❶ I write a (　　　) on my brother's blog every day. （　　　）
　　㋐ comment　㋑ student　㋒ beach　㋓ spot

□❷ Do you have (　　　) ideas? （　　　）
　　㋐ or　㋑ any　㋒ at　㋓ no

□❸ This juice is a (　　　) of apples and oranges. （　　　）
　　㋐ sea　㋑ post　㋒ fan　㋓ mix

❸
❶write「書く」という表現に合うものを選ぶ。
❷「何らかの考えはありますか」とたずねている。
❸リンゴとオレンジの「混合」だといっている。

❹ 日本語に合う英文になるように，＿＿＿に適切な語を書きなさい。

□❶ 私は13歳です。
　　I am thirteen ＿＿＿＿＿＿＿＿.

□❷ 私たちは泳ぎに行きます。
　　We ＿＿＿＿＿＿ ＿＿＿＿＿＿.

□❸ ケンはサッカーをするのをとても楽しみます。
　　Ken enjoys playing soccer ＿＿＿＿＿ ＿＿＿＿＿.

❹
❷go …ingで「…しに行く」。
❸「とても」を2語で表す。

［解答▶p.8］ **31**

❺ 次の_____に適切な語を下から選んで書きなさい。
ただし，同じ語を２度使うことはできません。

☐ ❶ Emma _____ play basketball. She plays netball.

☐ ❷ _____ your brother like dogs?

☐ ❸ _____ you live in Japan?

☐ ❹ We _____ have any classes on Sundays.

do	don't	does	doesn't

❻ 次の文を（　）内の指示にしたがって書きかえるとき，
_____に適切な語を書きなさい。

☐ ❶ We walk to school.　（下線部をAyakaに）
Ayaka _____ to school.

点UP

☐ ❷ We have lunch at noon.　（下線部をMs. Satoに）
Ms. Sato_____ lunch at noon.

☐ ❸ Does Ken study English?　（はい，で答える）
Yes, _____ _____.

☐ ❹ Meg eats fruit for breakfast.　（否定文に）
Meg _____ _____ fruit for breakfast.

☐ ❺ Yuka and her sister come to school together.　（疑問文に）
_____ Yuka and her sister come to school together?

❼ 次の文に対する応答として適切なものを，
（　）内を参考に英語で書きなさい。

☐ ❶ Does Emma like scuba diving?　（いいえ，と答える）
_____

☐ ❷ Where does Takuya live?　（彼はセブに住んでいます。と答える）
_____

☐ ❸ Does Ms. White have a bike?　（はい，と答える）
_____

☐ ❹ How many brothers does Emma have?
（２人の兄がいます，と答える）
_____

💡ヒント

❺
❶「エマはバスケットボールをしません」
❷主語はI，you以外の単数。
❹「日曜日には授業がない」という文にする。

❻
❶主語がI，you以外で単数の場合，動詞にはsがつく。
❷haveの三人称単数現在形。
❸doesの疑問文なので，doesを使って答える。Kenを代名詞に置きかえることも忘れずに。
❺ ✕｜ミスに注意
主語はI，you以外の複数になっている。

❼
❷「セブに」はin Cebuとする。
❹How many ...?と数をたずねているので，Yes/Noではなく，具体的な数を答える。「彼女には２人の兄がいます」という文にする。

8 次の英文を日本語にしなさい。

☐ **①** Hello, everyone.

( )

☐ **②** My sister speaks English well.

( )

☐ **③** Does Ken practice basketball on weekdays?

( )

点UP ☐ **④** What comic book does Meg like?

( )

9 日本語に合う英文になるように，
（ ）内の語(句)を並べかえなさい。

☐ **①** ハルカは8時に学校へ行きます。

(to / at / goes / Haruka / school / eight).

_____ .

☐ **②** ジョシュはギターを1本持っています。

(guitar / Josh / a / has).

_____ .

☐ **③** 彼はスキューバダイビングを楽しみますか。

(scuba diving / does / enjoy / he)?

_____ ?

☐ **④** 私の母は英語を話しません。

(speak / not / mother / does / English / my).

_____ .

10 次の日本語を英文にしなさい。

☐ **①** この写真を見なさい。

_____

☐ **②** エマ (Emma) は海辺の近くに住んでいます。

_____

点UP ☐ **③** 彼は何のスポーツが好きですか。

_____

[解答 ▶ p.8] **33**

ヒント

8
① hello はあいさつに
使う単語。
② well＝「じょうずに」
③ weekday＝「平日」
④ comic book ＝「 マ
ンガ本」

9 ✕ ミスに注意
① go の三人称単数現
在形は es をつけて
goes となる。
④ 三人称単数の否定形
は does not を動詞
の前に置く。

Unit 6 ~ Grammar for Communication 4

10
①「…しなさい」は動詞
のもとの形(原形)で
文を始める。
②「 … の 近 く に 」は
near を使う。
③「何のスポーツ」を表
す語句を文のはじめ
に置く疑問文を作る。

Step 3 予想テスト | **Unit 6　A Speech about My Brother ～ Grammar for Communication 4** 30分 | /100点　目標 80点

---

❶ 日本語に合う英文になるように，＿＿＿に適切な語を書きなさい。 知　15点(各完答5点)

❶ 私の兄は二十歳です。　My brother is twenty ＿＿＿ ＿＿＿.

❷ 彼は写真を撮ることを楽しみます。　He ＿＿＿ ＿＿＿ pictures.

❸ 私は彼のブログを読むのが大好きです。　I like reading his blog ＿＿＿ ＿＿＿.

---

❷ 日本語に合う英文になるように，（　）内の語(句)を並べかえなさい。 知　15点(各5点)

❶ 私たちはいっしょに泳ぎに行きます。　(swimming / we / together / go).

❷ ブラウン先生は多くの学生と会います。　(of / Mr. Brown / a / meets / lot / students).

❸ 私の姉は週末にはピアノの練習をしません。

(on / the piano / does / my sister / practice / weekends / not).

---

❸ 次の対話文について（　）に入れるのに，最も適切な文の記号を書きなさい。 知

16点(各8点)

❶ *Boy:*　Does *halo-halo* mean "parfait" in Filipino?

Girl:　（　　）

㋐ Yes. she does.　　㋑ No, it doesn't.　　㋒ Yes, please.　　㋓ All right.

❷ *Girl:*　Can I turn on the fan?

Boy:　Sure.（　　）

㋐ Yes, I can.　　㋑ No, problem.　　㋒ Yes, it does.　　㋓ That's interesting!

---

❹ 次の対話文を読んで，あとの問いに答えなさい。 表　30点

Asami:　①Does anyone have any questions?

Kaito:　Yes. Does he like Filipino food?

Asami:　Yes, he does. He ②(like) *sinigang*.

It's a sour soup.

Kaito:　Really? ③(like / dessert / what / he / does / for)?

Asami:　*Halo-halo*. It's like a parfait.

It's a mix of ice cream, fruit, sweet beans,

shaved ice, ④(　　) (　　) (　　).

---

❶ 下線部①を日本語になおしなさい。 (8点)

❷ （　）の語を正しい形になおしなさい。 (7点)

❸ 下線部③の（　）内の語を正しく並べかえなさい。 (8点)

❹ 下線部④が「…など」という意味になるように，（　）に適切な語を書きなさい。 (7点)

❺ 次の表は，ブラウン先生へのインタビューを行ったときのメモです。
メモを参考に，ブラウン先生を紹介する英文を書きましょう。表 24点（各8点）

〔メモ〕
・住んでいるところ：私たちの学校の近く。
・週末の楽しみ：歌うこと。
・兄弟姉妹：姉が一人，弟が一人いる。

❶ Where does Mr. Brown live?

❷ What does Mr. Brown enjoy on weekends?

❸ How many brothers or sisters does Mr. Brown have?

❶	❶		
	❷		
	❸		
❷	❶		.
	❷		.
	❸		.
❸	❶	❷	
❹	❶		❷
	❸		?
	❹		
❺	❶		
	❷		
	❸		

Step 1 基本チェック ・ Unit 7　Foreign Artists in Japan ～ Grammar for Communication 5

 5分

■ 赤シートを使って答えよう！

① [「…を，…に」を表す代名詞]

解答欄

□① ユミは私の友達です。　Yumi is my friend.

私は彼女が好きです。　I like [her].

① _____

□② あの男性はだれですか。　Who is that man?

私は彼を知りません。　　I don't know [him].

② _____

□③ あなたは私を知っていますか。――いいえ。私はあなたを知りません。

Do you know [me]? ―― No. I don't know [you].

③ _____

_____

② [どれ，どちらの] [Aですか，それともBですか]

□① あなたは夏と冬のどちらが好きですか。

[Which] do you like, summer [or] winter?

① _____

_____

③ [だれの] […のもの]

□① これはだれのラケットですか。――それは私のものです。

[Whose] racket is this? ―― It's [mine].

① _____

_____

POINT

❶ [「…を，…に」を表す代名詞]

動詞のうしろで人やものについて「…を，…に」と言うときは，me, you, him, her などを使う。

・That　　is　　Kaito.　［あちらは海斗です。］

・Do you know　him　？　［あなたは彼を知っていますか。］

I → me,　you → you,　he → him,　she → her,　we → us,　they → them

❷ [どれ，どちらの] [Aですか，それともBですか]

「どれ，どちらの」とたずねるときは which を使う。「Aですか，それともBですか」は A or B

・Which does she speak, English or Japanese?
　「どちら」は文頭に置く。　コンマをつける 「それとも」

［彼女はどちらを話しますか，英語ですか，それとも日本語ですか。］→話しますか。

［彼女は英語と日本語のどちらを話しますか。］

❸ [だれの] […のもの]

持ち主をたずねるときは whose「だれの」を使う。「…のもの」は，mine や yours などを使う。

・　　　　　　　Is this your ticket?　［これはあなたのチケットですか。］

・Whose ticket is this?　［これはだれのチケットですか。］

　　　―― It is mine.　［それは私のものです。］

❶ ❶～❻は単語の意味を，❼～⓬は日本語を英語になおしなさい。　💡ヒント

- ☐ ❶ pottery （　　　　　　）
- ☐ ❷ piece （　　　　　　）
- ☐ ❸ useful （　　　　　　）
- ☐ ❹ minute （　　　　　　）
- ☐ ❺ ticket （　　　　　　）
- ☐ ❻ history （　　　　　　）
- ☐ ❼ 1 時間　＿＿＿＿＿
- ☐ ❽ 演じる，演奏する ＿＿＿＿＿
- ☐ ❾ 役，役割　＿＿＿＿＿
- ☐ ❿ 待つ　＿＿＿＿＿
- ☐ ⓫ 注意深い　＿＿＿＿＿
- ☐ ⓬ まだ，今でも　＿＿＿＿＿

❶
❶焼物のこと。
❷芸術家などが作ったもの。
❹時間の単位。
⓫語尾が-fulで終わる形容詞。

❷ 次の各組の下線部の発音が同じなら〇，異なれば×を書きなさい。

- ☐ ❶ only
  prop （　　　）
- ☐ ❷ them
  thirsty （　　　）
- ☐ ❸ cushion
  buy （　　　）
- ☐ ❹ minute
  mine （　　　）

❷
声に出して発音しながら考えよう。

❸ （　）内に入れるのに最も適切な語を，
㋐～㋓から選んで記号を書きなさい。

- ☐ ❶ Euan is from Australia. He is a (　　) artist.　（　　　）
  ㋐ foreign　㋑ Asian　㋒ little　㋓ yours
- ☐ ❷ Diane Kichijitsu is a *rakugo* (　　).　（　　　）
  ㋐ candy　㋑ performer　㋒ idea　㋓ one
- ☐ ❸ My grandfather enjoys *kabuki* (　　).　（　　　）
  ㋐ him　㋑ hands　㋒ beaches　㋓ shows

❸
❶ユアンはオーストラリア出身なので，「外国の」芸術家だ。
❷落語家→落語の演技者と考える。
❸「私の祖父は歌舞伎の□□を楽しむ」

❹ 日本語に合う英文になるように，＿＿に適切な語を書きなさい。

- ☐ ❶ いっしょに学校へ行きませんか？
  ＿＿＿＿＿ ＿＿＿＿＿ we go to school together?
- ☐ ❷ どうかしたのですか。── 頭痛がします。
  ＿＿＿＿＿ ＿＿＿＿＿? ── I have a headache.
- ☐ ❸ それはいけませんね。
  That's ＿＿＿＿＿ ＿＿＿＿＿.

❹
❶whyを使って相手を誘う言い方。
❷最初の空所には短縮形が入る。

⑤ 次の＿＿に適切な語を下から選んで書きなさい。
ただし，同じ語を2度使うことはできません。

☐ **①** Who's that girl? I don't know ＿＿＿＿＿＿.

☐ **②** My teacher is Mr. Green. ＿＿＿＿＿＿ plays basketball.

☐ **③** Lina speaks Japanese. ＿＿＿＿＿＿ speaks Filipino, too.

☐ **④** That is my brother. I like ＿＿＿＿＿＿.

☐ **⑤** I have a dog. ＿＿＿＿＿＿ name is Pochi.

> he   she   him   her   its

⑥ 次の文を（ ）内の指示にしたがって書きかえるとき，
＿＿に適切な語を書きなさい。

☐ **①** I know Josh and Meg. （下線部を1語の代名詞に）
I know ＿＿＿＿＿＿.

☐ **②** Does your mother know Emma and me?
（下線部を1語の代名詞にかえて）
Does your mother know ＿＿＿＿＿＿?

☐ **③** This is Ken's camera. （下線部をたずねる文に）
＿＿＿＿＿＿ ＿＿＿＿＿＿ is this?

☐ **④** That is your bag. （ほぼ同じ内容の文に）
That bag is ＿＿＿＿＿＿.

⑦ 次の文に対する応答として適切なものを，
（ ）内を参考に英語で書きなさい。

☐ **①** Do you know Kaito? （彼を知っている，と答える）
Yes. ＿＿＿＿＿＿＿＿＿＿＿

☐ **②** Who is that woman? （彼女を知らない，と答える）
＿＿＿＿＿＿＿＿＿＿＿

☐ **③** Is this Josh's trumpet? （彼のもの，と答える）
Yes. ＿＿＿＿＿＿＿＿＿＿＿

☐ **④** Whose shoes are they? （私のもの，と答える）
＿＿＿＿＿＿＿＿＿＿＿

☐ **⑤** Is this your racket? （Asamiのものです，と答える）
No. ＿＿＿＿＿＿＿＿＿＿＿

ヒント

⑤
① that girlを指して，「彼女を」知りませんと言っている。
② Mr. Greenなので「彼は」とする。
⑤ イヌの名前→「それの名前」と考える。

⑥
① 「彼らを」を表す語。
② ✕ ミスに注意 meがあるので，「彼らを」ではなく，「私たちを」となる。
③ 「これはだれのカメラですか」となる。
④ 「あれはあなたのかばんです」→「あのかばんはあなたのものです」

⑦
② Iを主語にした否定文を作る。
⑤ 人名で「…のもの」というときは，Ken'sのように人名にアポストロフィーとsをつける。

8 次の英文を日本語にしなさい。

☐ **1** Here you are.

（　　　　　　　　　　　　　　　　　　）

☐ **2** Which do you like, spring or fall?

（　　　　　　　　　　　　　　　　　　）

☐ **3** I have a fever.

（　　　　　　　　　　　　　　　　　　）

☐ **4** We take a rest for an hour.

（　　　　　　　　　　　　　　　　　　）

9 日本語に合う英文になるように，
（　）内の語（句）や符号を並べかえなさい。

☐ **1** あちらがホワイト先生です。私たちは彼女が大好きです。
That is Ms. White.（ her / much / we / very / like ）.

_____.

☐ **2** 着物を着た演技者がいろいろな役を演じます。
（ in / roles / plays / a performer / different / *kimono* ）.

_____.

☐ **3** あなたはうどんとそばのどちらを食べますか。
（ , / *soba* / or / you / eat / do / which / *udon* ）?

_____?

☐ **4** 自分のかばんの扱いに気をつけてください。
（ careful / bag / with / be / your ）.

_____.

10 次の日本語を英文にしなさい。

☐ **1** 私は彼らを知りません。

_____

☐ **2** これはだれのギターですか。

_____

☐ **3** 彼はイギリス出身の外国人芸術家です。

_____

☐ **4** 私たちはいつか彼に会いたいです。

_____

ヒント

8
1 相手に物を手渡すときの表現。
2 2つのうち「どちら」とたずねる文。
4 for は「…の間」という意味。

9
1「大好き」→「とても好き」。
2「着物を着た」は in *kimono* とする。
3 **ミスに注意**
A or B「A それとも B」の前に，コンマをつけるのを忘れずに。

10
2「だれの」= whose
3「彼は外国人芸術家です」と文の骨組みを作り，後ろに「イギリス出身」from the U.K. をつける。
4「いつか」= someday

Unit 7 ~ Grammar for Communication 5

Step 3 予想テスト ● Unit 7 Foreign Artists in Japan ～ Grammar for Communication 5

30分　目標 80点　/100点

❶ 日本語に合う英文になるように，＿＿に適切な語を書きなさい。知　15点 (各完答5点)

❶ あの少女はタクヤの妹です。あなたは彼女を知っていますか。

That girl is Takuya's sister. Do you know ＿＿＿＿?

❷ あなたのおじいさんは，落語と歌舞伎のどちらが好きですか。

＿＿＿＿ ＿＿＿＿ your grandfather like, *rakugo* ＿＿＿＿ *kabuki*?

❸ あれはだれのカメラですか。 ＿＿＿＿ ＿＿＿＿ is that?

❷ 日本語に合う英文になるように，（　）内の語(句)を並べかえなさい。知　15点 (各5点)

❶ あの青い自転車はあなたのものですか。（ bike / yours / that / is / blue)?

❷ 海辺に行きませんか。（ the beach / go / we / to / don't / why)?

❸ 私は保健室でひと休みしたいです。

(to / in / a rest / the nurse's office / want / I / take).

❸ 次の対話文について（　）に入れるのに，最も適切な文の記号を書きなさい。知

16点 (各8点)

❶ *Boy:*　How are you today?

　　Girl:　（　　）

　　㋐ Yes, I do.　　㋑ I can't wait.　　㋒ It's Friday today.　　㋓ Not very good.

❷ *Girl:*　What's wrong?

　　Boy:　（　　）

　　㋐ That's right.　　㋑ I have a headache.

　　㋒ Sounds interesting.　　㋓ That's too bad.

❹ 次の対話文を読んで，あとの問いに答えなさい。表　30点

Meg:　The doors open ①(　　) five minutes.

　　　　I can't wait! Oh, ...

　　　　②(this / whose / ticket / is)? Is it yours, Josh?

Josh:　No. I have (　③　). Maybe it's Kaito's.

　　　　Hey, Kaito. Is this yours?

Kaito:　Oops! Yes, it's (　③　).

Meg:　Here you are. ④Be careful with that.

Kaito:　Thanks.

❶ 下線部①が「５分後に」となるように（　）に適切な語を書きなさい。 (7点)

❷ 下線部②が「これはだれのチケットですか」となるように，（　）内の語を正しく並べかえなさい。 (8点)

❸ （　③　）が「私のもの」となるように適切な語を書きなさい。 (7点)

❹ 下線部④のthatの指すものを明らかにして，日本語になおしなさい。 (8点)

❺ 英語の授業でケンがジョシュの家族の写真を見て質問をしました。
ケンのノートを参考にして，❶，❷，❸に入る文を書きなさい。表 24点（各8点）

┌─────────────────────────────┐
【ケンとジョシュの会話】
□Ken:　　　　　❶
　Josh:　It's my brother's.
□Ken:　　　　　❷
　Josh:　He plays basketball.
□Ken:　Cool!　　　❸
　Josh:　I like soccer.
└─────────────────────────────┘

┌─────────────────────────────┐
〔ケンのノートより〕
ジョシュに聞いたこと
①これはだれのギターなのか。
②お兄さんは何のスポーツを
　するのか。
③ジョシュはバスケとサッ
　カーのどちらが好きか。
└─────────────────────────────┘

❶	❶				
	❷				
	❸				
❷	❶				?
	❷				?
	❸				.
❸	❶	❷			
❹	❶		❷		?
	❸		❹		
❺	❶				
	❷				
	❸				

Step 1 基本チェック

Unit 8　A Surprise Party
～ Grammar for Communication 6

5分

■ 赤シートを使って答えよう！

❶ […しています]

解答欄

☐❶ 私は本を読みます。　I read a book.

　　私は今，本を読んでいます。　I [am] [reading] a book now.

❶

❷ […していますか] [はい，しています。／いいえ，していません。]

☐❶ あなたは今，勉強をしていますか。

　　[Are] you [studying] now?

　　—— はい，しています。／いいえ，していません。

　　—— Yes, I [am]. / No, I [am] [not].

☐❷ マリアは何を作っていますか。[What] is Maria making?

　　—— 彼女はハロハロを作っています。

　　—— She [is] [making] *halo-halo*.

❶

❷

❸ [なんて…だろう！]

☐❶ なんて親切だろう！　[How] kind!

☐❷ なんてすてきな写真だろう！　[What] a nice picture!

❶

❷

POINT

❶ […しています]

進行中の動作を表すときは，〈am [are, is] + …ing〉の形の現在進行形を使う。

・I　　watch　　TV every day.　[私はテレビを毎日見ます。]

・I am watching TV now.　[私は今テレビを見ています。]

❷ […していますか] [はい，しています。／いいえ，していません。]

現在進行形の疑問文では，am, are, is を主語の前に置く。答えるときも am, are, is を使う。

・　　You are taking a picture.　[あなたは写真を撮っています。]

・Are you　　taking a picture?　[あなたは写真を撮っているのですか。]

　—— Yes, I am. / No, I am not.　[はい，そうです。／いいえ，ちがいます。]

❸ [なんて…だろう！]

「なんて…だろう！」と感動を表すときは，以下のような形になる。

・How nice!　[なんてすてきなのでしょう！]　〈How + 形容詞か副詞 + ！〉　文末はピリオドではなく感嘆符

・What a cute bag!　[なんてかわいいバッグでしょう！]　〈What + 名詞を含む語句 + ！〉

Step 2 予想問題 ● **Unit 8　A Surprise Party ~ Grammar for Communication 6** 30分 (1ページ10分)

❶ ❶～❻は単語の意味を，❼～⓬は日本語を英語になおしなさい。

❶ヒント

☐ ❶ tomorrow （　　　　　　）　☐ ❷ bye （　　　　　　）

☐ ❸ prepare （　　　　　　）　☐ ❹ soon （　　　　　　）

☐ ❺ forever （　　　　　　）　☐ ❻ quickly （　　　　　　）

☐ ❼ ひまな ＿＿＿＿＿　☐ ❽ そのとき(に) ＿＿＿＿＿

☐ ❾ (…を)言う ＿＿＿＿＿　☐ ❿ (…を)忘れる ＿＿＿＿＿

☐ ⓫ 起こる，生じる ＿＿＿＿＿　☐ ⓬ 親愛なる…(様) ＿＿＿＿＿

❶
❶todayの次の日。
❸あらかじめ必要なものをそろえる。
❺いつまでも果てしないこと。
⓬手紙などの書き出しの言葉。

❷ 次の語で最も強く発音する部分の記号を答えなさい。

☐ ❶ sur-prise
　　　ア　イ
　　　　　　　　（　　　）

☐ ❷ for-ward
　　　ア　イ
　　　　　　　　（　　　）

☐ ❸ pre-pare
　　　ア　イ
　　　　　　　　（　　　）

☐ ❹ to-mor-row
　　　ア　イ　ウ
　　　　　　　　（　　　）

❷
❶「驚くべきこと，驚き」という意味。

❸ (　)内に入れるのに最も適切な語を，㋐～㋑から選んで記号を書きなさい。

☐ ❶ Billy likes playing (　　) games.　（　　　）
　㋐ ticket　㋑ video　㋒ mine　㋓ fever

☐ ❷ We have a (　　) party today.　（　　　）
　㋐ goodness　㋑ show　㋒ surprise　㋓ wrong

☐ ❸ My mother is (　　) the room.　（　　　）
　㋐ looking　㋑ decorating　㋒ paying　㋓ speaking

❸
❷「不意打ちパーティー」があると言っている。
❸部屋を飾っている。

❹ 日本語に合う英文になるように，＿＿に適切な語を書きなさい。

☐ ❶ エマ，誕生日おめでとう！
　＿＿＿＿＿ ＿＿＿＿＿, Emma!

☐ ❷ このカードを読んでもいいですか。——もちろん。
　Can I read this card? —— ＿＿＿＿＿ ＿＿＿＿＿.

☐ ❸ それでは，またね。
　＿＿＿＿＿ ＿＿＿＿＿, then.

❹
❶ **✕ ミスに注意**
「誕生日」のつづりに注意しよう。
❸さようならのあいさつ。

Unit 8 ~ Grammar for Communication 6

5 次の＿＿＿に適切な語を下から選んで書きなさい。
ただし，同じ語を2度使うことはできません。

☐ ❶ ＿＿＿＿＿＿ do you live?　── I live in Midori City.

☐ ❷ ＿＿＿＿＿＿ a nice bag!　I like it.

☐ ❸ ＿＿＿＿＿＿ do you practice soccer?
　　── On Wednesdays.

☐ ❹ ＿＿＿＿＿＿ kind!　Thank you very much.

☐ ❺ Hey, ＿＿＿＿＿＿ up?　── Hi, Josh.　I'm fine.

| what | what's | where | when | how |

6 次の文を（　）内の指示にしたがって書きかえるとき，
＿＿＿に適切な語を書きなさい。

☐ ❶ I study English every day.　（下線部を「今」に）
　　I ＿＿＿＿＿＿ ＿＿＿＿＿＿ English now.

☐ ❷ Meg walks to school on Saturdays.　（下線部を「今」に）
　　Meg ＿＿＿＿＿＿＿＿ to school now.

☐ ❸ We don't jog on Sundays.　（下線部を「今」に）
　　We ＿＿＿＿ ＿＿＿＿ ＿＿＿＿ now.

☐ ❹ What does your brother do on weekends?
　　（下線部を「今」に）
　　What ＿＿＿＿＿ your brother ＿＿＿＿＿ now?

7 次の文に対する応答として適切なものを，
（　）内を参考に英語で書きなさい。

☐ ❶ Are you watching TV now?　（はい，と答える）
　　＿＿＿＿＿＿＿＿＿＿＿＿＿＿＿＿＿＿＿＿＿＿

☐ ❷ Is Mr. Green talking with Asami?　（いいえ，と答える）
　　＿＿＿＿＿＿＿＿＿＿＿＿＿＿＿＿＿＿＿＿＿＿

☐ ❸ What are they doing?　（おどっている，と答える）
　　＿＿＿＿＿＿＿＿＿＿＿＿＿＿＿＿＿＿＿＿＿＿

☐ ❹ Look at this beach.　（なんて美しいのだろう，と答える）
　　＿＿＿＿＿＿＿＿＿＿＿＿＿＿＿＿＿＿＿＿＿＿

☐ ❺ This is my dog, Hana.　（なんてかわいいイヌだろう，と答える）
　　＿＿＿＿＿＿＿＿＿＿＿＿＿＿＿＿＿＿＿＿＿＿

ヒント

5
❶場所を答えているので，「どこに」とたずねていると考える。
❷文末の感嘆符に注目。「なんてすてきなかばんでしょう！」という感動の表現。
❺「調子はどう？」というくだけたあいさつにも使われる。

6
現在進行形は〈am[are, is]＋…ing〉の形。

7
❶ **✗ ミスに注意**
答えの主語はIになることに注意。現在進行形の疑問文の答えなので，doではなくam, is, areを使う。
❹〈How＋形容詞＋！〉
❺〈What＋名詞を含む語句＋！〉

ヒント

8 次の英文を日本語にしなさい。

☐ **1** Sounds like fun.

（　　　　　　　　　　　　　　　　　　　　）

☐ **2** Get well soon!

（　　　　　　　　　　　　　　　　　　　　）

☐ **3** You're welcome.

（　　　　　　　　　　　　　　　　　　　　）

点UP ☐ **4** We are looking forward to the party.

（　　　　　　　　　　　　　　　　　　　　）

9 日本語に合う英文になるように，（　）内の語を並べかえなさい。

☐ **1** 私は今，映画を見ています。

(am / movie / watching / a / now / I).

＿＿＿＿＿＿＿＿＿＿＿＿＿＿＿＿＿＿＿＿＿ .

☐ **2** 私たちは今，朝食を食べていません。

(not / are / breakfast / having / we / now).

＿＿＿＿＿＿＿＿＿＿＿＿＿＿＿＿＿＿＿＿＿ .

☐ **3** あなたは今何をしていますか。

(now / you / what / doing / are)?

＿＿＿＿＿＿＿＿＿＿＿＿＿＿＿＿＿＿＿＿＿ ?

☐ **4** なんてすてきなプレゼントでしょう！

(present / a / what / nice)!

＿＿＿＿＿＿＿＿＿＿＿＿＿＿＿＿＿＿＿＿＿ !

10 次の日本語を英文にしなさい。

☐ **1** 私は今，ピアノを弾いています。

＿＿＿＿＿＿＿＿＿＿＿＿＿＿＿＿＿＿＿＿＿

☐ **2** 私の兄は今，ブログを書いていません。

＿＿＿＿＿＿＿＿＿＿＿＿＿＿＿＿＿＿＿＿＿

☐ **3** あなたは今，ビデオを撮っているのですか。

＿＿＿＿＿＿＿＿＿＿＿＿＿＿＿＿＿＿＿＿＿

☐ **4** なんておいしいのだろう！

＿＿＿＿＿＿＿＿＿＿＿＿＿＿＿＿＿＿＿＿＿

8
1 この like は前置詞で，「…のような[に]」という意味。
3 Thank you. と言われたときに返す言葉。
4 look forward to ... の現在進行形の文。

9
2「朝食を食べる」＝ have breakfast
3 疑問詞 what は文のはじめに置く。
4〈What ＋名詞を含む語句＋ !〉

10
2「（…を）書く」write の … ing 形は writing になる。
3「（写真など）を撮る」take の … ing 形は taking となる。
4「なんて…だろう！」の文は，名詞があるかないかで，what と how のどちらを使うのかが決まる。

Unit 8 ~ Grammar for Communication 6

Step 3 予想テスト

Unit 8　A Surprise Party
～ Grammar for Communication 6

30分　目標80点　／100点

❶ 日本語に合う英文になるように，＿＿＿に適切な語を書きなさい。知　15点（各完答5点）

❶ 私たちは今，学校で昼食を食べています。　We ＿＿＿＿ ＿＿＿＿ lunch at school now.

❷ クック先生は今，何をしていますか。　＿＿＿＿ ＿＿＿＿ Ms. Cook ＿＿＿＿ now?

❸ なんて親切でしょう！　＿＿＿＿ ＿＿＿＿!

❷ 日本語に合う英文になるように，（　）内の語（句）を並べかえなさい。知　15点（各5点）

❶ メグとタクヤは今，おどりの練習をしていますか。
　(now / dance / Meg and Takuya / are / practicing)?

❷ 私のイヌは今，水を飲んでいません。　(not / water / dog / is / now / drinking / my).

❸ なんて興味深い本でしょう！　(book / interesting / what / an)!

❸ 次の対話文について（　）に入れるのに，最も適切な文の記号を書きなさい。知

16点（各8点）

❶ *Boy:*　What are you doing?
　Girl:　（　　）
　㋐ Yes, I'm free.　　㋑ Sounds like fun.　　㋒ No, I'm not.
　㋓ I'm reading a book.

❷ *Girl:*　Can I open this present?
　Boy:　（　　）
　㋐ See you then.　　㋑ Oh, my goodness!　　㋒ Of course.
　㋓ You're welcome.

❹ 次の対話文を読んで，あとの問いに答えなさい。表　30点

Josh:　　We're at Kaito's house. ①Kaito (decorate) the room. Today is Meg's birthday. ②We're preparing a surprise party.

Asami:　Oh, Josh. ③(picture / you / taking / are / a)?

Josh:　　No, I'm not. I'm taking a video for Meg. What are you doing?

Asami:　I'm writing a birthday card.

Josh:　　Great. Say something (④) Meg.

❶ 下線部①が「海斗は部屋を飾っています」となるように（　）を適切な形にかえなさい。　(7点)

❷ 下線部②を日本語になおしなさい。　(8点)

❸ 下線部③の（　）内の語を正しく並べかえなさい。　(8点)

❹ （ ④ ）に入る適切な語を書きなさい。　(7点)

❺ **英語の授業で，午後 7 時〜 8 時の間に何をしているかをみんなに聞きました。**
表を参考にして質問に英語で答えなさい。表　24点 (各8点)

❶ What are you doing?

❷ What are Meg and Meg's brother doing?

❸ What is Mr. Green doing?

午後 7 時〜 8 時の間に何をしていますか？	
私	宿題をやっている
メグと メグのお兄さん	日本語の勉強をしている
グリーン先生	公園でジョギングをしている

Unit 8 ~ Grammar for Communication 6

Step 1 基本チェック Unit 9 Think Globally, Act Locally ～ Stage Activity 2

5分

■ 赤シートを使って答えよう！

❶ [⋯すること] [⋯であること]

☐ ❶ 私は音楽を聞きたいです。 I want [to] [listen] to music.

☐ ❷ 私たちはほかの人々を手伝う必要があります。

We need [to] [help] others.

❷ [不定詞を含む文の疑問文]

☐ ❶ あなたは水が飲みたいですか。

Do you want [to] [drink] water?

☐ ❷ あなたは何が食べたいですか。——私はスシが食べたいです。

(1) [What] do you [want] [to] eat?

(2) I want [to] [eat] sushi.

❸ [⋯に見える]

☐ ❶ その少女は空腹です。 The girl is hungry.

その少女は空腹に見えます。 The girl [looks] hungry.

解答欄

❶ _____

❷ _____

❶ _____

❷ (1) _____

(2) _____

❶ _____

POINT

❶ [⋯すること] [⋯であること]＝不定詞(to＋動詞の原形)

want などの動詞の後ろに不定詞〈to＋動詞の原形〉を置くと「⋯すること」という意味になる。

・She wants to help people in need. [彼女は困っている人々を助けたいと思っています。]

・She tries to do her best. [彼女は最善を尽くそうとしています。]

＊不定詞〈to＋動詞の原形〉をとる動詞には，want, try, need などがある。

❷ [不定詞を含む文の疑問文]

疑問文を作るときは，〈動詞＋不定詞〉をひとかたまりの動詞と考える。

・What do you | like |? [あなたは何が好きですか。]

・What do you |want to do|? [あなたは何をしたいですか。]

　—— I want to try some ethnic food. [私はエスニック料理を食べてみたいです。]

❸ [⋯に見える]

「⋯に見える」という見た目の判断について述べるときは，〈look＋形容詞〉で表す。

・The children are happy. [子供たちは幸せです。]

・The children look happy. [子供たちは幸せそうに見えます。]

Step 2 予想問題 ┊ **Unit 9 Think Globally, Act Locally ～ Stage Activity 2**

30分
(1ページ10分)

❶ ❶～❻は単語の意味を，❼～⓬は日本語を英語になおしなさい。 💡ヒント

☐❶ cousin （　　　　　） ☐❷ work （　　　　　）

☐❸ later （　　　　　） ☐❹ line （　　　　　）

☐❺ village （　　　　　） ☐❻ volunteer （　　　　　）

☐❼ 発表 ＿＿＿＿＿ ☐❽ (…を)理解する ＿＿＿＿＿

☐❾ おくれた,遅刻した ＿＿＿＿＿ ☐❿ …を集める ＿＿＿＿＿

☐⓫ …を建てる ＿＿＿＿＿ ☐⓬ 金，通貨 ＿＿＿＿＿

❶
❶父または母の兄弟姉妹の子。
❷仕事をする。
❹順に長く並ぶこと。
❻日本語にもなっている。

❷ 次の語で最も強く発音する部分の記号を答えなさい。

☐❶ col-lect （　　　　　） ☐❷ eth-nic （　　　　　）
　　ア　イ　　　　　　　　　　　ア　イ

☐❸ vol-un-teer （　　　　　） ☐❹ pre-sen-ta-tion （　　　　　）
　　ア　イ　ウ　　　　　　　　　　ア　イ　ウ　エ

❷
❷❸❹ ✕ミスに注意
外来語として日本語になっている語はアクセントに注意。

❸ (　　)内に入れるのに最も適切な語を，
㋐～㋓から選んで記号を書きなさい。

☐❶ Ms. White has two (　　　), a boy and a girl. （　　　）
　　㋐ child　㋑ cousin　㋒ player　㋓ children

☐❷ Look at the man on the (　　　) stage. （　　　）
　　㋐ line　㋑ main　㋒ job　㋓ country

点UP ☐❸ Go (　　　) this street. （　　　）
　　㋐ along　㋑ long　㋒ late　㋓ about

❸
❶「ホワイト先生には男の子と女の子の2人の子供たちがいる」

❹ 日本語に合う英文になるように，＿＿に適切な語を書きなさい。

☐❶ 私はイヌが好きです。これに反して，弟はイヌが好きではありません。
　　I like dogs. ＿＿＿＿＿＿＿＿
　　＿＿＿＿＿＿＿, my brother does not like dogs.

☐❷ 彼には長い間会っていません。
　　I don't see him ＿＿＿＿＿＿＿
　　＿＿＿＿＿＿＿.

☐❸ (知らない人に声をかけて)すみません。
　　＿＿＿＿＿＿＿＿＿＿＿.

❹
❶「他方では，これに反して」を4語で表す。
❷「長い時間の間」ということ。

❺ 次の＿＿＿に適切な語を下から選んで書きなさい。
　　ただし，同じ語を2度使うことはできません。

☐ ❶ I want to listen ＿＿＿＿＿＿ music.

☐ ❷ We need to help children ＿＿＿＿＿＿ need.

☐ ❸ You study English ＿＿＿＿＿＿ school.

☐ ❹ Yumi is standing ＿＿＿＿＿＿ there.

☐ ❺ They don't play basketball ＿＿＿＿＿＿ Sundays.

at	on	to	over	in

❻ 次の文を（　）内の指示にしたがって書きかえるとき，
　　＿＿＿に適切な語を書きなさい。

☐ ❶ I go to Kenya. （下線部を「行きたい」に）
　　I ＿＿＿＿＿ ＿＿＿＿＿ ＿＿＿＿＿ to Kenya.

☐ ❷ We study hard. （下線部を「勉強する必要がある」に）
　　We ＿＿＿＿＿ ＿＿＿＿＿ hard.

☐ ❸ Ken speaks English. （下線部を「話そうと試みる」に）
　　Ken ＿＿＿＿＿ ＿＿＿＿＿ English.

☐ ❹ Asami is happy. （下線部を「見える」に）
　　Asami ＿＿＿＿＿ happy.

❼ 次の文に対する応答として適切なものを，
　　（　）内を参考に英語で書きなさい。

☐ ❶ Do you need to practice the piano? （する必要がある，と答える）
　　Yes. ＿＿＿＿＿＿＿＿＿＿＿

☐ ❷ Do you want to drink water? （飲みたくない，と答える）
　　No. ＿＿＿＿＿＿＿＿＿＿＿

☐ ❸ What do you want to eat? （ethnic foodが食べたい，と答える）
　　＿＿＿＿＿＿＿＿＿＿＿

☐ ❹ What do you try to do? （たくさんの本を読もうと試みると答える）
　　＿＿＿＿＿＿＿＿＿＿＿

☐ ❺ I want to have a dog. （私も，と答える）
　　＿＿＿＿＿＿＿＿＿＿＿

ヒント

❺
❶「私は音楽を聞きたいです」という文にする。
❹thereの前に置いて「あそこに」を表す語句にする。

❻
❶❷❸動詞のあとに不定詞を置く形にかえる。

❹ ✕｜ミスに注意
主語のAsamiは三人称単数だということに注意。

❼
❷want to drinkをひとかたまりの動詞として考える。
❹try to ...のあとに「たくさんの本を読む」が続く。

❽ 次の英文を日本語にしなさい。

☐ **❶** We try to do our best.

( )

☐ **❷** Many children are waiting in line.

( )

☐ **❸** That's right.

( )

☐ **❹** How can I get to the station?

( )

❾ 日本語に合う英文になるように，
（　）内の語（句）を並べかえなさい。

☐ **❶** 今日は暑そうですね。

(looks / it / hot) today.

_____ today.

☐ **❷** あなたは何かを食べる必要があります。

(to / eat / need / you / something).

_____ .

☐ **❸** アサミはその映画を見たくありません。

(want / not / the movie / watch / Asami / does / to).

_____ .

☐ **❹** 私の先生方は私を元気づけてくれます。

(up / teachers / cheer / my / me).

_____ .

❿ 次の日本語を英文にしなさい。

☐ **❶** あなたは空腹に見えます。

_____

☐ **❷** 私たちはお金を集める必要があります。

_____

☐ **❸** あなたは何になりたいですか。

_____

☐ **❹** 3つ目の交通信号で左に曲がってください。

_____

ヒント

❽
❶ do our best の our の部分は主語によってかわる。
❷ line は「列，並び」という意味。in line をひとまとまりにして訳す。
❹ get to「…に着く」だが，自然な日本語になるように訳すとよい。

❾
❶ 天気の様子を述べるときは，主語を it にする。
❷「…する必要がある」＋「何かを食べる」という語順になる。
❸「見たい」を否定する英文にする。
❹ cheer ... up ＝「…を元気づける」

❿
❷「お金を集める」＝ collect money
❹ 相手に指示する文なので，動詞で始める。「交通信号」＝ traffic light

Step 3 予想テスト **Unit 9 Think Globally, Act Locally ～ Stage Activity 2** ⏱ 30分 /100点 目標80点

❶ 日本語に合う英文になるように，＿＿に適切な語を書きなさい。知 15点（各完答5点）

❶ 私はほかの人を助けたいです。 I ＿＿＿＿ ＿＿＿＿ ＿＿＿＿ others.

❷ あなたたちは何をしたいですか。 ＿＿＿＿ ＿＿＿＿ you ＿＿＿＿ ＿＿＿＿ do?

❸ タクヤはうれしそうに見えます。 Takuya ＿＿＿＿ ＿＿＿＿.

❷ 日本語に合う英文になるように，（　）内の語(句)を並べかえなさい。知 15点（各5点）

❶ あなたはオーストラリアに行きたいですか。

(to / to / Australia / you / go / do / want)?

❷ メグはその発表に遅刻したくありません。

(for / to / want / late / Meg / doesn't / be) the presentation.

❸ 1つ目の交通信号で右に曲がってください。

(at / right / traffic light / turn / the first).

❸ 次の対話文について（　）に入れるのに，最も適切な文の記号を書きなさい。知

16点（各8点）

❶ *Man:* Excuse me. I'm looking for Midori Station.
Woman: （　　）
Man: Where is Midori Station?
㋐ Pardon me? ㋑ Me, too. ㋒ That's right. ㋓ I see.

❷ *Girl:* How can I get to the library?
Boy: （　　）
㋐ Under the tree. ㋑ At school. ㋒ By bus. ㋓ I understand.

❹ 次のスピーチ文を読んで，あとの問いに答えなさい。表 30点

　　Look at this picture. This is Lily Smith. She's my cousin. She works (　㋐　) a doctor in different countries. ①(need / always / to / help / she / wants / people / in). Now, she's ②(work) at a small hospital in Kenya. She helps sick people there every day. ③It's sometimes difficult, but she tries to do her best. I want to be (　㋑　) her.

❶ （　㋐　）と（　㋑　）に入る適切な語をそれぞれ書きなさい。 8点（各4点）

❷ 下線部①が「彼女は困っている人を常に助けたいと思っています」という意味になるように，
（　）内の語を正しく並べかえなさい。 〈7点〉

❸ ②（　）内の語を適切な形にかえなさい。 〈7点〉

❹ 下線部③を日本語になおしなさい。 〈8点〉

❺ **クラスメートの海斗について，グリーン先生に英語で紹介することになりました。**
メモを参考にして，❶〜❸に答えなさい。 表 24点（各8点）

❶ What does Kaito want to be in the future?

❷ What does Kaito need to do every day?

❸ What does Kaito try to do?

海斗について	
将来の夢	英語の先生に なりたい
毎日する必要 があること	母を手伝う
努力している こと	たくさんの本 を読む

❶	❶			
	❷			
	❸			
❷	❶			?
	❷			the presentation.
	❸			.
❸	❶		❷	
❹	❶ ㋐		㋑	
	❷			.
	❸			
	❹			
❺	❶			
	❷			
	❸			

Step 1 基本チェック

Let's Read 1
Let's Climb Mt. Fuji

⏱ 5分

■ 赤シートを使って答えよう！

① […できます] […できますか]

解答欄

☐ ❶ 私はピアノを弾くことができます。 I [can] play the piano.

❶

☐ ❷ あなたはサッカーができますか。 [Can] you play soccer?

❷

② […しています]

☐ ❶ 私たちはいっしょにおどります。 We dance together.

❶

　　私たちはいっしょにおどっています。

　　We [are] [dancing] together.

③ […すること] […であること] [不定詞を含む文の疑問文]

❶

☐ ❶ 私はテレビが見たいです。 I want [to] [watch] TV.

☐ ❷ あなたたちはたくさんの本を読む必要があります。

❷

　　You need [to] [read] many books.

☐ ❸ あなたはオーストラリアに行きたいですか。

❸

　　[Do] you want [to] [go] to Australia?

☐ ❹ あなたは何がしたいですか。――私は困った人を助けたいです。

❹ (1)

　(1) [What] do you want [to] do?

　(2) I want [to] [help] people in need.

(2)

POINT

❶ […できます] […できますか]

「…できます」は〈can＋動詞の原形〉で表す。疑問文はcanを主語の前に置く。

・　　We can take breaks. ［私たちは休憩をとることができます。］

・Can we 　　meet? ［私たちは会うことができますか。］

❷ […しています]

進行中の動作を表すときは，〈am [are, is]＋…ing〉の形の現在進行形を使う。

・I am planning a summer trip to Japan. ［私は日本への夏旅行を計画しています。］

❸ […すること] […であること] [不定詞を含む文の疑問文]

wantなどの動詞の後ろに不定詞〈to＋動詞の原形〉を置くと「…すること」という意味になる。

・I want to climb Mt. Fuji. ［私は富士山にのぼりたいです。］

疑問文を作るときは，〈動詞＋不定詞〉をひとかたまりの動詞と考える。

・Which trail do you want to take? ［あなたはどの登山道を選びたいですか。］

Step 2 予想問題 ・ Let's Read 1
Let's Climb Mt. Fuji

⏱ 10分
(1ページ10分)

❶ ❶～❹は単語の意味を，❺～❻は日本語を英語になおしなさい。 ヒント

☐❶ climb （　　　　　　　） ☐❷ stay （　　　　　　　）

☐❸ interested （　　　　　　　） ☐❹ information （　　　　　　　）

☐❺ …を計画する＿＿＿＿＿＿ ☐❻ …を選ぶ　＿＿＿＿＿＿

❷ 次の語で最も強く発音する部分の記号を答えなさい。

☐❶ sun-rise （　　　） ☐❷ prob-a-bly （　　　）
　　ア　イ　　　　　　　　　　　　ア　イ　ウ

☐❸ in-ter-est-ed （　　　） ☐❹ in-for-ma-tion （　　　）
　　ア　イ　ウ　　　　　　　　　ア　イ　ウ　エ

❸ （　）内に入れるのに最も適切な語を，
　㋐～㋓から選んで記号を書きなさい。

☐❶ You can get to the library （　　　）. （　　　）
　　㋐ easily　㋑ detail　㋒ climber　㋓ crowd

☐❷ We are planning a （　　　） to Osaka. （　　　）
　　㋐ hut　㋑ trail　㋒ trip　㋓ bus

❹ 日本語に合う英文になるように，＿＿に適切な語を書きなさい。

☐❶ 山田先生は徒歩で学校に来ます。
　Mr. Yamada comes to school ＿＿＿＿＿＿＿＿＿.

☐❷ これがメグの誕生日パーティーの写真です。
　＿＿＿＿＿＿ ＿＿＿＿＿＿ the pictures of Meg's
　birthday party.

❺ 次の＿＿に適切な語を下から選んで書きなさい。
　ただし，同じ語を2度使うことはできません。

☐❶ Can we go ＿＿＿＿＿＿ Mt. Asahi by bus?

☐❷ We are looking forward ＿＿＿＿＿＿ the presentation.

☐❸ Thanks ＿＿＿＿＿＿ the information.

☐❹ I want to stay ＿＿＿＿＿＿ a mountain hut.

in	for	up	to

ヒント

❶
❹日本語としても使われている。
❺日本語では，名詞としてこの単語を使うことが多い。

❷
❹日本語として使われるときのアクセントとのちがいに注意。

❸
❶「簡単に」とすると自然な文になる。
❷「私たちは大阪への旅行を計画しています」という意味。

❹
❶「足」を意味する単語を使う。

❺
❶「のぼる，上がる」という意味になるようにする。
❸「情報をありがとう」という文にする。

Let's Read 1

Step 1 **基本チェック** Unit 10 Winter Vacation ~ Let's Write 2 · 5分

■ 赤シートを使って答えよう！

❶ […しました（一般動詞の過去の文）]

解答欄

☐❶ 私たちは週末にサッカーをします。 We play soccer on weekends.

私たちは昨日サッカーをしました。

We [played] soccer yesterday.

❶

☐❷ メグは放課後に図書館に行きます。

Meg goes to the library after school.

メグはこの前の日曜日に図書館に行きました。

Meg [went] to the library last Sunday.

❷

❷ […しましたか（一般動詞の過去の疑問文）]

☐❶ あなたは毎晩テレビを見ますか。

[Do] you [watch] TV every night?

❶

☐❷ あなたは昨夜テレビを見ましたか。

—— はい，見ました。／いいえ，見ませんでした。

❷ (1)

(1) [Did] you [watch] TV last night?

(2)

(2) Yes, I [did]. / No, I [did] [not].

POINT

❶ […しました（一般動詞の過去の文）]

①「…した」と過去のことを表すときは，動詞をedで終わる形にする。この形を過去形という。

・I visit the museum every Sunday. ［私は毎週日曜日にその博物館を訪れます。］

・I visited the museum last Sunday. ［私は先週の日曜日にその博物館を訪れました。］

②動詞の種類によっては，過去形が不規則に変化するものもある。

・I see fireworks every summer. ［私は毎年夏に花火を見ます。］

・I saw fireworks that night. ［私はその夜花火を見ました。］

＊go→went, get→got, have→had, eat→ate, take→tookなど。

❷ […しましたか（一般動詞の過去の疑問文）]

過去の疑問文は，didを主語の前に置く。否定文では動詞の前にdid notを置く。

・I got up early yesterday. ［私は昨日早く起きました。］ didを主語の前に置く。

・Did you get up early yesterday? ［あなたは昨日早く起きましたか。］ 動詞はもとの形（原形）になる。

—— Yes, I did. / No, I did not. ［はい，起きました。／いいえ，起きませんでした。］

❶ ❶～❻は単語の意味を，❼～⓬は日本語を英語になおしなさい。

- ☐ ❶ thing （　　　　　）
- ☐ ❷ theater （　　　　　）
- ☐ ❸ actor （　　　　　）
- ☐ ❹ performance（　　　　　）
- ☐ ❺ traditional （　　　　　）
- ☐ ❻ hotel （　　　　　）
- ☐ ❼ 休暇，休み ＿＿＿＿＿
- ☐ ❽ (芝居などの)役 ＿＿＿＿＿
- ☐ ❾ standの過去形 ＿＿＿＿＿
- ☐ ❿ それぞれの,各自の ＿＿＿＿＿
- ☐ ⓫ 特別の ＿＿＿＿＿
- ☐ ⓬ 親 ＿＿＿＿＿

❷ 次の語で最も強く発音する部分の記号を答えなさい。

- ☐ ❶ ho-tel
  ア　イ
  　　　　　（　　　）
- ☐ ❷ an-y-where
  ア　イ　ウ
  　　　　　（　　　）
- ☐ ❸ va-ca-tion
  ア　イ　ウ
  　　　　　（　　　）
- ☐ ❹ tra-di-tion-al
  ア　イ　ウ　エ
  　　　　　（　　　）

❸ (　)内に入れるのに最も適切な語を，
⑦～⑤から選んで記号に○をつけなさい。

- ☐ ❶ Who is this man in the picture?　── He is my favorite (　　).
  ⑦ thing　① actor　⑰ vacation　② theater
- ☐ ❷ What did you do yesterday?　──(　　) special.
  ⑦ Leading　① Nothing　⑰ Last　② Anything
- ☐ ❸ It (　　) a lot last night. We can ski.
  ⑦ felt　① enjoyed　⑰ snowed　② took

点UP

❹ 日本語に合う英文になるように，＿＿に適切な語を書きなさい。

- ☐ ❶ 美術館は人でいっぱいです。
  The museum ＿＿＿＿＿＿＿＿＿
  people.
- ☐ ❷ アヤとユウトはおたがいを知っています。
  Aya and Yuto know ＿＿＿＿＿＿＿.
- ☐ ❸ 私は家でくつろぎたいです。
  I want to relax ＿＿＿＿＿.

ヒント

❶
❷演劇などを観客に見せるための建物。
❻日本語にもなっている。
⓬複数形は「両親」という意味。

❷
❷「[否定文で]どこにも(…ない)」という意味。

❸
❶「写真のこの男性はだれですか」とたずねている。
❷「特に何も」と返答する。
❸「昨夜はたくさん雪が降った。私たちはスキーができる」という文にする。

❹
❶full「いっぱいの,満腹の」を使う。
❸home「家庭,家」を使った語句。

Unit 10 ~ Let's Write 2

❺ 次の____に適切な語を下から選んで書きなさい。
ただし，同じ語を2度使うことはできません。

❺
❶学校に来た。
❷写真を撮った。
❸言った。
❹食べた。
❺起きた。

☐ ❶ Ms. Cook _____ to school by bike yesterday.

☐ ❷ We _____ some pictures last week.

☐ ❸ Yumi _____ to me, "Happy birthday!"

☐ ❹ I _____ *osechi* with Josh last year.

☐ ❺ Takuya _____ up at seven this morning.

> got　　said　　ate　　came　　took

❻ 次の文を（ ）内の指示にしたがって書きかえるとき，
____に適切な語を書きなさい。

❻
❸過去の疑問文はdid
を主語の前に置く。

☐ ❶ We travel to Hokkaido <u>every winter</u>. （下線部を「昨年」に）
We _____ to Hokkaido last year.

☐ ❷ Ken watches TV <u>every night</u>. （下線部を「昨夜」に）
Ken _____ TV last night.

☐ ❸ Do you study English <u>every day</u>? （下線部を「昨日」に）
_____ you _____ English yesterday?

☐ ❹ I went to school yesterday. （否定文に）
I _____ _____ to school yesterday.

❼ 次の文に対する応答として適切なものを，
（ ）内を参考に英語で書きなさい。

❼
❶didを使って答える。
❷ ✕ ミスに注意
　your brother を he
　と置きかえる。
❸goの過去形はwent。
❹「（人・場所）を訪ね
　る」＝visit
❺How longは「どのく
　らい長く」という意
　味を表す。「…の間」
　はforを使う。

☐ ❶ Did you get up early this morning? （はい，と答える）

_____

☐ ❷ Did your brother play soccer yesterday? （いいえ，と答える）

_____

☐ ❸ Where did you go last Saturday? （図書館に行った，と答える）

_____

☐ ❹ What did you do during winter vacation?
（家族といっしょに祖母を訪ねた，と答える）

_____

☐ ❺ How long did you stay there? （1週間滞在した，と答える）

_____

8 次の英文を日本語にしなさい。

□ **①** I had a wonderful time.
( )

□ **②** Meg ate *soba* for the first time.
( )

□ **③** We didn't go anywhere during winter vacation.
( )

点UP □ **④** Take care of yourself, Grandma.
( )

9 日本語に合う英文になるように，
（ ）内の語（句）を並べかえなさい。

□ **①** 私たちは昨日，サッカーの試合を見ました。
(game / we / a / watched / soccer) yesterday.
_____ yesterday.

□ **②** 母が私のためにこのかばんを作ってくれました。
(for / bag / my mother / made / this / me).
_____ .

□ **③** トダ先生は昨年ロンドンには行きませんでした。
(did / Mr. Toda / London / not / to / go) last year.
_____ last year.

点UP □ **④** 朝食に何を食べましたか。
(for / what / have / breakfast / you / did)?
_____ ?

10 次の日本語を英文にしなさい。

□ **①** 私はこの前の夏，美しい花火を見ました。
_____

□ **②** ユカ（Yuka）は昨日，音楽を聞きませんでした。
_____

□ **③** あなたはいつ，日本に来ましたか。
_____

ヒント

8
①have a ... time=「…な時を過ごす」
② for the first time=「初めて」
③winter vacation＝「冬休み」

9
①「サッカーの試合」＝a soccer game
②「私のために」はfor meとする。
③過去の否定文は動詞の前にdid notを置く。
④疑問詞whatを文のはじめに置き，一般動詞の過去の疑問文の形を続ける。

10
①「美しい花火」＝beautiful fireworks
②過去の否定文にする。
③「いつ」whenで文を始める。

Step 3 **予想テスト** : **Unit 10　Winter Vacation ~ Let's Write 2** 30分 ／100点 目標 80点

❶ 日本語に合う英文になるように，＿＿に適切な語を書きなさい。知　15点(各完答5点)

❶ 私たちはその夜，花火を見ました。We ＿＿＿＿ fireworks that night.

❷ 彼らはどこにも行きませんでした。They ＿＿＿＿ ＿＿＿＿ ＿＿＿＿ anywhere.

❸ あなたは昨日，昼食をどこで食べましたか。 ＿＿＿＿ ＿＿＿＿ you have lunch yesterday?

❷ 日本語に合う英文になるように，（　）内の語(句)を並べかえなさい。知　15点(各5点)

❶ 兄の部屋は本でいっぱいです。（ room / of / books / is / my brother's / full ）.

❷ 私たちはおたがいに助ける必要がありました。（ each / to / we / help / other / needed ）.

❸ ケンはこの前の冬，スキーに行きましたか。（ Ken / skiing / winter / go / did / last ）?

❸ 次の対話文について（　）に入れるのに，最も適切な文の記号を書きなさい。知
16点(各8点)

❶ *Boy:*　Did you have a good time?

　Girl:　（　　）

　㋐ Yes, I am.　　㋑ No, it isn't.　　㋒ Yes, I did.　　㋓ No, I don't.

❷ *Girl:*　What did you do last night?

　Boy:　（　　）

　㋐ No, we didn't.　　㋑ Yes, we did.　　㋒ Nothing special.　　㋓ No, thank you.

❹ 次の対話文を読んで，あとの問いに答えなさい。表　30点

Asami:　①（ did / on / you / what / do / New Year's Day ）?

Meg:　I ㋐(get) up early and ㋑(go) to a shrine with my family.

Asami:　That's nice.

　　　　Did you eat any traditional New Year's food?

Meg:　Yes, we did. We ㋒(eat) *osechi*.

Asami:　②Did you and your parents make it?

Meg:　No, we didn't. Kaito's mother made some and brought it to us.

Asami:　③（　　）（　　）!

❶ 下線部①の（　）内の語（句）を正しく並べかえなさい。　(7点)

❷ ㋐，㋑，㋒をそれぞれ過去形になおしなさい。　(各3点)

❸ 下線部②を，it が指す内容を明らかにして日本語になおしなさい。　(7点)

❹ 下線部③が「なんてすてきでしょう！」となるように（　）に適切な語を書きなさい。　(完答7点)

❺ タクヤが冬休みの思い出を英語の授業で発表します。【日記】を参考にして，
　タクヤになったつもりで❶〜❸の文を書きなさい。表　24点(各8点)

❶ What did you do during winter vacation?

❷ How long did you stay there?

❸ What did you do there?

【日記】
冬休みは，家族といっしょにおばあちゃんを訪ねた。おばあちゃんのところには5日間滞在した。僕は初めて新年までの秒読みをした。とても楽しかった。

❶	❶		
	❷		
	❸		
❷	❶		.
	❷		.
	❸		?
❸	❶	❷	
❹	❶		?
	❷ ㋐	㋑	㋒
	❸		
	❹		
❺	❶		
	❷		
	❸		

Step 1 基本チェック Unit 11　This Year's Memories ～ Stage Activity 3

10分

■ 赤シートを使って答えよう！

❶ […でした，（…に）いました（be動詞の過去形）]

解答欄

☐ ❶ 私は今，公園にいます。　I am in the park now.
　　私はこの前の日曜日，公園にいました。
　　I [was] in the park last Sunday.

❶ ＿＿＿＿＿＿

☐ ❷ 今日，彼女は幸せです。　She is happy today.
　　昨日，彼女は悲しかったです。　She [was] sad yesterday.

❷ ＿＿＿＿＿＿

☐ ❸ あなたは13歳です。　You are thirteen years old.
　　昨年，あなたは12歳でした。
　　You [were] twelve years old last year.

❸ ＿＿＿＿＿＿

☐ ❹ 彼らはサッカーファンです。　They are soccer fans.
　　昨年，彼らはラグビーファンでした。
　　They [were] rugby fans last year.

❹ ＿＿＿＿＿＿

❷ […でしたか，（…に）いましたか（be動詞の過去形の疑問文）]

☐ ❶ 昨日，オーストラリアは暑かったですか。
　　── はい，暑かったです。／いいえ，暑くありませんでした。
　(1) [Was] it hot in Australia yesterday?
　(2) Yes, it [was]. / No, it [was] [not].

❶ (1) ＿＿＿＿
(2) ＿＿＿＿
＿＿＿＿＿＿
＿＿＿＿＿＿

POINT

❶ […でした，（…に）いました（be動詞の過去形）]

be動詞amやisの過去形はwasで，areの過去形はwereになる。

・I am on the netball team.　[私はネットボールチームの一員です。]
・I was on the basketball team last year.　[私は昨年，バスケットボールチームの一員でした。]
・You are at school.　[あなたは学校にいます。]
・You were in the museum last Sunday.　[あなたはこの前の日曜日，美術館にいました。]

❷ […でしたか，（…に）いましたか（be動詞の過去形の疑問文）]

疑問文は，wasまたはwereを主語の前に置く。否定文ではwas, wereの後ろにnotを置く。

・　　You were a starter in the last game.　[あなたは前回の試合で先発メンバーでした。]
・Were you a starter in the last game?　[あなたは前回の試合で先発メンバーでしたか。]
　── Yes, I was. / No, I was not.　[はい，そうでした。／いいえ，そうではありませんでした。]

❸ [···がある，···がいる]

☐❶ 私たちの学校の近くに公園があります。

[There] [is] a park near our school.

☐❷ あなたがたの学校の近くに公園はありますか。

―― はい，あります。／いいえ，ありません。

(1) [Is] [there] a park near your school?

(2) Yes, [there] [is]. / No, [there] [is] [not].

☐❸ 図書館にはおもしろい本がたくさんあります。

[There] [are] many interesting books in the library.

☐❹ 図書館にはおもしろい本がたくさんありますか。

―― はい，あります。／いいえ，ありません。

(1) [Are] [there] many interesting books in the library?

(2) Yes, [there] [are]. / No, [there] [are] [not].

❹ [···していました(過去進行形)]

☐❶ 私は今，本を読んでいます。 I am reading a book now.

私はそのとき，本を読んでいました。

I [was] [reading] a book then.

☐❷ あなたは今，ピアノを弾いています。

You are playing the piano now.

あなたはそのとき，ピアノを弾いていました。

You [were] [playing] the piano then.

解答欄

❶ _____

❷ (1) _____

(2) _____

❸ _____

❹ (1) _____

(2) _____

❶ _____

❷ _____

POINT

❸ [···がある，···がいる]

「···がある，···がいる」というときは，There is[are] ....で表す。

・There is a campground near the lake. ［湖の近くにキャンプ場があります。］

・There are outdoor kitchens, too. ［屋外調理場もあります。］ be動詞はここの語句に合わせる。

疑問文は，is, areをthereの前に置く。

・Is there a campground near the lake? ［湖の近くにキャンプ場がありますか。］

―― Yes, there is. / No, there is not. ［はい，あります。／いいえ，ありません。］

❹ [···していました(過去進行形)]

過去のある時点にしていたことは，⟨was[were] + ...ing⟩の過去進行形で表す。

・I am playing soccer now. ［私は今サッカーをしています。］

・I was playing soccer then. ［私はそのときサッカーをしていました。］

Step 2 予想問題 ● **Unit 11　This Year's Memories ～ Stage Activity 3**

40分
(1ページ10分)

❶ **❶**～**❻**は単語の意味を，**❼**～**⓬**は日本語を英語になおしなさい。 ヒント

☐ **❶** another　（　　　　） ☐ **❷** kitchen　（　　　　）

☐ **❸** photo　（　　　　） ☐ **❹** album　（　　　　）

☐ **❺** lake　（　　　　） ☐ **❻** behind　（　　　　）

☐ **❼** …に対抗して＿＿＿＿ ☐ **❽** 半分, 2分の1＿＿＿＿

☐ **❾** シャワー＿＿＿＿ ☐ **❿** これらの＿＿＿＿

☐ **⓫** runの過去形＿＿＿＿ ☐ **⓬** winの過去形＿＿＿＿

❶
❷❹日本語にもなっている。
❸ picture も同じ意味を表す。

❷ 次の語で最も強く発音する部分の記号を答えなさい。

☐ **❶** pleas-ure
　　　ア　イ
　　　　　　　（　　　）

☐ **❷** e-vent
　　　ア　イ
　　　　　　　（　　　）

☐ **❸** out-door
　　　ア　イ
　　　　　　　（　　　）

☐ **❹** be-hind
　　　ア　イ
　　　　　　　（　　　）

☐ **❺** al-bum
　　　ア　イ
　　　　　　　（　　　）

☐ **❻** an-oth-er
　　　ア　イ　ウ
　　　　　　　（　　　）

❷
❶ My pleasure.「どういたしまして」

❸ （　）内に入れるのに最も適切な語を，㋐～㋑から選んで記号を書きなさい。

☐ **❶** Our school has many interesting (　　). 　（　　　）
　　㋐ lakes　㋑ others　㋒ events　㋓ hospitals

☐ **❷** In January, we have a chorus (　　). 　（　　　）
　　㋐ game　㋑ contest　㋒ shower　㋓ album

☐ **❸** Ken had a (　　) and a salad for lunch. 　（　　　）
　　㋐ steak　㋑ cap　㋒ fever　㋓ problem

☐ **❹** My heart was (　　) fast before my presentation. 　（　　　）
　　㋐ playing　㋑ enjoying　㋒ singing　㋓ beating

☐ **❺** We had a (　　) in our basketball team in April. 　（　　　）
　　㋐ rookie　㋑ grandma　㋒ shrine　㋓ park

☐ **❻** I watched the soccer game from the second (　　). （　　　）
　　㋐ another　㋑ half　㋒ first　㋓ trash

❸
❶「私たちの学校にはおもしろい行事がたくさんある」
❸ 食べ物を答える。
❹「心臓がどきどきしていた」という文にする。
❻ second は「2番め（の）」という意味。

点UP

4 日本語に合う英文になるように，＿＿に適切な語を書きなさい。

□❶ 最初は，サッカーが好きではありませんでした。

＿＿＿＿＿＿＿＿ ＿＿＿＿＿＿＿＿ , I didn't like soccer.

□❷ 私たちは湖の近くにテントを建てました。

We ＿＿＿＿＿＿＿＿ ＿＿＿＿＿＿＿＿ a tent near the lake.

□❸ ケンは公園でごみを拾い上げました。

Ken ＿＿＿＿＿＿＿＿ trash ＿＿＿＿＿＿＿＿ in the park.

□❹ よくやった！

＿＿＿＿＿＿＿＿ ＿＿＿＿＿＿＿＿!

□❺ この歌は修学旅行の思い出を思い起こさせます。

This song ＿＿＿＿＿＿＿＿ ＿＿＿＿＿＿＿＿ memories of the school trip.

□❻ 学校へ行く途中，私はかわいいイヌを見ました。

I saw a cute dog ＿＿＿＿＿＿＿＿ ＿＿＿＿＿＿＿＿ ＿＿＿＿＿＿＿＿ to school.

□❼ （レストランにて）何になさいますか。

＿＿＿＿＿＿＿＿ ＿＿＿＿＿＿＿＿ you ＿＿＿＿＿＿＿＿?

□❽ ありがとう。――どういたしまして。

Thank you. ―― ＿＿＿＿＿＿＿＿ ＿＿＿＿＿＿＿＿.

□❾ 私たちは不意打ちパーティーをします。――楽しそうですね。

We have a surprise party.

―― ＿＿＿＿＿＿＿＿ ＿＿＿＿＿＿＿＿ fun.

5 次の＿＿に適切な語を下から選んで書きなさい。

ただし，同じ語を2度使うことはできません。

□❶ We went to Okinawa ＿＿＿＿＿＿ August.

□❷ A village is ＿＿＿＿＿＿ the foot of Mt. Higashi.

□❸ It snowed ＿＿＿＿＿＿ three days.

□❹ Please show your pictures ＿＿＿＿＿＿ me.

□❺ I was nervous ＿＿＿＿＿＿ the first day of school.

□❻ We saw a lot ＿＿＿＿＿＿ people in Kyoto.

□❼ My sister got ＿＿＿＿＿＿ early this morning.

to	of	at	on	up	in	for

ヒント

❹

❷動詞は不規則変化するので注意。

❺ ✕ ミスに注意

主語がI, you以外の単数の物なので，動詞にsをつける。

❼注文を聞くときの表現。

❽「どういたしまして。」はこのほかにも，You're welcome.がある。

❺

❷「…のふもとに」とする。

❸「…の間」と〈時間〉を表す語を入れて，「3日間」とする。

❻「たくさんの人々」とする。

Unit 11 ～ Stage Activity 3

❻ 次の文を（　）内の指示にしたがって書きかえるとき，
＿＿＿＿に適切な語を書きなさい。

❻
❶amを過去形にする。
❷areを過去形にする。
❸否定文はbe動詞の後ろにnotを置く。
❹were notを短縮形にする。

❺❻過去進行形はbe動詞が過去形になる。

❼「何をしていましたか」とたずねる。

☐ ❶ I am a student of Asahi elementary school.　（「昨年」を加えて）
　　I ＿＿＿＿＿＿＿＿ a student of Asahi elementary school last year.

☐ ❷ Ken and Asami are in the library now.　（下線部を「昨日」に）
　　Ken and Asami ＿＿＿＿＿＿＿ in the library yesterday.

☐ ❸ Takuya was tired after practice.　（否定文に）
　　Takuya ＿＿＿＿＿＿＿ ＿＿＿＿＿＿＿ tired after practice.

☐ ❹ You were a starter in the game.　（否定文に）
　　You ＿＿＿＿＿＿＿ a starter in the game.

☐ ❺ Meg is playing the piano now.　（下線部を「そのとき」に）
　　Meg ＿＿＿＿＿＿＿ ＿＿＿＿＿＿＿ the piano then.

☐ ❻ They are writing their blogs now.　（下線部を「そのとき」に）
　　They ＿＿＿＿＿＿＿ ＿＿＿＿＿＿＿ their blogs then.

☐ ❼ My brother was watching TV then.　（下線部をたずねる文に）
　　＿＿＿＿＿＿＿ ＿＿＿＿＿＿＿ your brother ＿＿＿＿＿＿＿
　　then?

☐ ❽ There are many people in the gym.　（否定文に）
　　＿＿＿＿＿＿＿ ＿＿＿＿＿＿＿ many people in the gym.

☐ ❾ There is a beautiful lake in the village.　（疑問文に）
　　＿＿＿＿＿＿＿ ＿＿＿＿＿＿＿ a beautiful lake in the village?

☐ ❿ A dog is under the tree.　（ほぼ同じ意味の文に）
　　＿＿＿＿＿＿＿ ＿＿＿＿＿＿＿ a dog under the tree.

❼ 次の文に対する応答として適切なものを，
（　）内を参考に英語で書きなさい。

❼
❶答えるときの主語は「私」になる。
❷「…を聞く」= listen to
❸ ✕ ミスに注意
thereを使って答える。

☐ ❶ Were you in the U.K. during winter vacation?　（はい，と答える）
　　＿＿＿＿＿＿＿＿＿＿＿＿＿＿＿＿＿＿＿＿＿＿＿＿＿＿＿

☐ ❷ What were you doing?　（音楽を聞いていた，と答える）
　　＿＿＿＿＿＿＿＿＿＿＿＿＿＿＿＿＿＿＿＿＿＿＿＿＿＿＿

☐ ❸ Is there a station near your house?　（はい，と答える）
　　＿＿＿＿＿＿＿＿＿＿＿＿＿＿＿＿＿＿＿＿＿＿＿＿＿＿＿

☐ ❹ Would you like some dessert?　（はい，お願いします，と答える）
　　＿＿＿＿＿＿＿＿＿＿＿＿＿＿＿＿＿＿＿＿＿＿＿＿＿＿＿

❽ 次の英文を日本語にしなさい。

□❶ My father was a basketball player.

(   )

□❷ Were you at school yesterday?

(   )

□❸ There is a photo album on the desk.

(   )

□❹ We were practicing badminton then.

(   )

❾ 日本語に合う英文になるように，
（ ）内の語(句)を並べかえなさい。

□❶ 私は今朝7時に起きました。雪が降っていました。
I got up at seven this morning. (was / snowing / it).

_____ .

□❷ 日本にはたくさんのおもしろい場所があります。
(places / are / Japan / there / many / interesting / in).

_____ .

□❸ あなたは試合のあと，うれしかったですか。
(happy / were / after / you / the game)?

_____ ?

□❹ 私は英語を話すのが得意ではありませんでした。
(not / English / good / speaking / was / I / at).

_____ .

❿ 次の日本語を英文にしなさい。

□❶ メグ(Meg)はプレゼンテーションの前に緊張していましたか。

_____

□❷ 私の部屋に1台のピアノがあります。

_____

□❸ 昨夜あなたは何をしていましたか。

_____

[解答 ▶ p.18]　**67**

ヒント

❽
❸ on =「…(の上)に[で]」

❾
❶天気を述べるときはitが主語になる。
❷There are .... の文。
❸疑問文はbe動詞を主語の前に置く。
❹否定文はbe動詞の後ろにnotを置く。

❿
❶「…の前に」= before
❷There is[are] ....の文。
❸「何」whatで文を始める。

Unit 11 ~ Stage Activity 3

Step 3 予想テスト · **Unit 11　This Year's Memories ~ Stage Activity 3**　30分　/100点　目標80点

---

❶ 日本語に合う英文になるように，＿＿＿に適切な語を書きなさい。 知　15点（各完答5点）

❶ 私たちは試合の前，わくわくしていました。　We ＿＿＿＿ excited before the game.

❷ 一年には四季があります。　＿＿＿＿ ＿＿＿＿ four seasons in a year.

❸ ケンはそのときサッカーをしていました。　Ken ＿＿＿＿ ＿＿＿＿ soccer then.

---

❷ 日本語に合う英文になるように，（　）内の語（句）を並べかえなさい。 知　15点（各5点）

❶ 彼は先発メンバーではありませんでした。（ not / was / starter / he / a ）.

❷ 音楽室にピアノはありますか。（ in / piano / there / a / is / the music room ）?

❸ あなたはどこで昼食を食べていたのですか。（ you / lunch / having / where / were ）?

---

❸ 次の対話文について（　）に入れるのに，最も適切な文の記号を書きなさい。 知

16点（各8点）

❶ *Boy:*　Is there a campground near the lake?

Girl:　（　）

　㋐ Yes, there is.　　㋑ No, it isn't.　　㋒ Yes, I was.　　㋓ No, I don't.

❷ *Man:*　　What would you like to drink?

Woman:　（　）

　㋐ My pleasure.　　㋑ Yes, I do.　　㋒ Just water, please.　　㋓ It was delicious.

---

❹ 次の対話文を読んで，あとの問いに答えなさい。 表　30点

Meg:　Hey, Kaito. I didn't see you during lunch break.
　　　　What were you doing?

Kaito:　I ㋐(play) soccer outside.
　　　　①(for / you / looking / me / were)?

Meg:　Yes. I wanted to show this (　②　) you.
　　　　I ㋑(make) a photo album for this year.

Kaito:　Wow. These pictures bring back a lot of ㋒(memory).

Meg:　I know. On the first day of school, I was really nervous.
　　　　③My heart was beating fast on my way to school.

---

❶ ㋐，㋑，㋒をそれぞれ適切な形になおしなさい。㋐は過去進行形，㋑は過去形，
　㋒は複数形にします。 (各3点)

❷ 下線部①の（　）内の語を正しく並べかえなさい。 (7点)

❸ （　②　）に適切な語を書きなさい。 (7点)

❹ 下線部③を日本語になおしなさい。 (7点)

❺ アサミがアルバムを見せながら，クック先生に今年の思い出を語っています。
アルバムの内容を参考にして，❶～❸の質問にアサミになったつもりで答えなさい。 表

24点(各8点)

❶ What were you doing?

❷ What was there in the park?

❸ How did you feel after the volunteer work?

【写真の内容】
アサミと友達数人がごみ拾いをしている。公園にはベンチが１つある。
【アサミのコメント】
ボランティア仕事のあとは疲れた。

❶	❶		
	❷		
	❸		
❷	❶		.
	❷		?
	❸		?
❸	❶	❷	
❹	❶ ㋐	㋑	㋒
	❷		?
	❸		
	❹		
❺	❶		
	❷		
	❸		

■ 赤シートを使って答えよう！

❶ [⋯しました(一般動詞の過去の文)]

解答欄

□❶ 私は毎日ピアノを弾きます。　I [play] the piano every day.

　　私は昨日ピアノを弾きました。　I [played] the piano yesterday.

❶ _____

□❷ ケンはこの前の日曜日に学校へ行きました。

　　Ken [went] to school last Sunday.

❷ _____

❷ [⋯でした，(⋯に)いました(be動詞の過去形)]

□❶ 私のイヌは今，3歳です。　My dog [is] three years old now.

　　私のイヌは昨年，2歳でした。

　　My dog [was] two years old last year.

❶ _____

□❷ 私たちは今，家にいます。　We [are] at home now.

　　私たちは今朝，図書館にいました。

　　We [were] in the library this morning.

❷ _____

❸ [⋯していました(過去進行形)]

□❶ 私はそのとき，宿題をしていました。

　　I [was] [doing] my homework then.

❶ _____

□❷ 彼らはそのとき，ダンスの練習をしていました。

　　They [were] [practicing] dance then.

❷ _____

POINT

❶ [⋯しました(一般動詞の過去の文)]

動詞を過去形にする。動詞の過去形にはedで終わる規則動詞と，不規則に変化するものがある。

・He walked around the city every day.　[彼は毎日市を歩きまわりました。]

・One day, he saw a girl on the street.　[ある日，彼は通りで一人の少女を見かけました。]

❷ [⋯でした，(⋯に)いました(be動詞の過去形)]

be動詞amやisの過去形はwas，areの過去形はwereになる。

・Charlie was a poor, lonely man.　[チャーリーはひとりぼっちの貧しい男でした。]

❸ [⋯していました(過去進行形)]

過去のある時点にしていたことは，〈was[were]＋...ing〉の過去進行形で表す。

・She was still selling flowers.　[彼女は今でも花を売っていました。]

Step 2 予想問題 ● **Let's Read 2**
● **City Lights**

⏱ **10分**
(1ページ10分)

---

❶ ❶〜❹は単語の意味を，❺〜❻は日本語を英語になおしなさい。

🦉**ヒント**

□❶ poor （　　　　　） □❷ rich （　　　　　）

□❸ smile （　　　　　） □❹ remember （　　　　　）

□❺ meetの過去形＿＿＿＿＿＿ □❻ 重要な，大切な＿＿＿＿＿＿

❶
❶と❷は対義語。

💬❺meetは不規則動詞。

---

❷ 次の各組の下線部の発音が同じなら○，異なれば×を書きなさい。

□❶ bl<u>i</u>nd （　　　） □❷ bec<u>o</u>me （　　　）
　　 r<u>i</u>ch 　　　　　　 t<u>o</u>ld

□❸ t<u>ou</u>ch （　　　） □❹ any<u>th</u>ing （　　　）
　　 th<u>ou</u>sand 　　　　 <u>th</u>ought

---

❸ （　）内に入れるのに最も適切な語を，
　　㋐〜㋑から選んで記号を書きなさい。

□❶ Takuya didn't say anything and walked（　　　）. （　　　）
　　㋐ poor 　㋑ blind 　㋒ away 　㋑ forgetful

□❷ They were（　　　）flowers on the street. （　　　）
　　㋐ smiling 　㋑ selling 　㋒ thinking 　㋑ meeting

❸
❷過去進行形の文。
「彼らは通りで花を
売っていた」

---

❹ 日本語に合う英文になるように，＿＿に適切な語を書きなさい。

□❶ ある日，私たちは公園に行きました。
　　＿＿＿＿＿＿＿ ＿＿＿＿＿＿＿, we went to the park.

□❷ あなたがたのおかげで困っている人々を助けることができました。
　　We could help people in need ＿＿＿＿＿＿ ＿＿＿＿＿＿
　　you.

❹
❶oneは時を表す名詞
の前に用いて「ある
…」という意味を表
す。

---

❺ 次の＿＿に適切な語を下から選んで書きなさい。
　　ただし，同じ語を2度使うことはできません。

□❶ Ken ＿＿＿＿＿＿ me about his brother.

□❷ We ＿＿＿＿＿＿ junior high school students last year.

□❸ That is my new bike. My father ＿＿＿＿＿＿ it for me.

□❹ I ＿＿＿＿＿＿, "He is very kind."

❺
❶「(人)に…について
話す」という文にする。
❷「…になる」という動
詞を使うと自然な文
になる。

| bought | thought | told | became |

Let's Read 2

A

テスト前 ☑ やることチェック表

① まずはテストの目標をたてよう。頑張ったら達成できそうなちょっと上のレベルを目指そう。
② 次にやることを書こう（「ズバリ英語〇ページ，数学〇ページ」など）。
③ やり終えたら□に✔を入れよう。
　　最初に完ぺきな計画をたてる必要はなく，まずは数日分の計画をつくって，
　　その後追加・修正していっても良いね。

目標

	日付	やること1	やること2
2週間前	／	☐	☐
	／	☐	☐
	／	☐	☐
	／	☐	☐
	／	☐	☐
	／	☐	☐
	／	☐	☐
1週間前	／	☐	☐
	／	☐	☐
	／	☐	☐
	／	☐	☐
	／	☐	☐
	／	☐	☐
テスト期間	／	☐	☐
	／	☐	☐
	／	☐	☐
	／	☐	☐
	／	☐	☐

キリトリ線

英語1年　東京書籍版

QRコードのページに登録すると，「ぴたリンク」からも表をダウンロードできるよ

① まずはテストの目標をたてよう。頑張ったら達成できそうなちょっと上のレベルを目指そう。
② 次にやることを書こう（「ズバリ英語〇ページ，数学〇ページ」など）。
③ やり終えたら□に✓を入れよう。
　最初に完ぺきな計画をたてる必要はなく，まずは数日分の計画をつくって，
　その後追加・修正していっても良いね。

目標

	日付	やること1	やること2
2週間前	／	□	□
	／	□	□
	／	□	□
	／	□	□
	／	□	□
	／	□	□
	／	□	□
1週間前	／	□	□
	／	□	□
	／	□	□
	／	□	□
	／	□	□
	／	□	□
	／	□	□
テスト期間	／	□	□
	／	□	□
	／	□	□
	／	□	□
	／	□	□

東京書籍版 英語1年 ニューホライズン | 定期テスト ズバリよくでる | 解答集

Unit 0

p.3 **Step 2**

❶ ①ク ②エ ③イ ④カ
⑤キ ⑥ア ⑦オ ⑧ウ

❷ ① a ② B ③ d ④ E
⑤ F ⑥ g ⑦ h ⑧ I
⑨ N ⑩ q ⑪ R ⑫ u

❸ ① name ② Nice
③ four ④ like

考え方

❷ ③たてのぼうは, 2階建てになる。
⑥2画目は地下1階の下の線についてから少しあげる。
⑩2画目は地下1階の下の線につくまでのばす。

❸ ①「私の名前は…です」は, My name is ...となる。nameは「名前」という意味を表す。
②「はじめまして」は, Nice to meet you.
③「4」= four
④「私は…が好きです」はI like ...で表す。

Unit 1

pp.6-7 **Step 2**

❶ ①ファン ②しばしば, よく
③オーストラリア
④…を(〜と)呼ぶ, 名づける
⑤そこに[へ, で] ⑥しかし, けれども
⑦ so ⑧ just
⑨ cannot[can't]
⑩ every

❷ ①イ ②エ ③ア

❸ ① Call me ② How about
③ Thank you
④ every day

❹ ① Do ② Are
③ am ④ cannot

❺ ① Do you ② cannot[can't]
③ Me ④ am, fan

❻ ① Yes, I do.
② No, I cannot[can't].

考え方

❷ ① I playは「私は(競技・ゲームなど)をする」という意味なので, それに合うものを選ぶ。「私はクリケットをします」
② Are you from ...?は「あなたは…出身ですか」という意味。「あなたは京都出身ですか」
③ a littleで「少し」という意味を表す。「私は漢字が少し読めます」

❸ ①「わたしを…と呼んでください」は, Call me ...で表すことができる。
②「…はどうですか」= How about ...?
相手に感想や意見をたずねる表現。
③「ありがとう」= Thank you.
④「毎日」= every day

❹ ① doを使って答えているので, 一般動詞の疑問文と考える。「あなたは…しますか」は, Do you ...?でたずねる。「あなたはバドミントンが好きですか。—はい, 好きです」
② I'mで答えているので, be動詞の疑問文と考える。「あなたは…ですか」は, Are you ...?となる。「あなたはホワイト先生ですか。—いいえ, ちがいます」

1

❸ ❶「わたしは12歳です」という意味になるように，be動詞のamを入れる。

❹ canを使った疑問文には，can, cannot[can't]を使って答える。「あなたはあのボールが見えますか。—いいえ，見えません」

❺ ❶ drink「…を飲む」という一般動詞の疑問文なので，doを使ってたずねる。「あなたは緑茶を飲みますか」

❸ A:「私はスシが好きです」—B:「私もスシが好きです」という意味。相手の言ったことに対して，「私もです」と答えるときは，Me, too.という。

❹「わたしはサッカーが好きです」を「わたしはサッカーのファンです」と書きかえる。「わたしは…です」は，I am ...で表す。

❻ ❶「あなたは日本語を話しますか」という質問。doを使った一般動詞の疑問文には，doを使って答える。はい，の場合はYes, I do.とし，いいえ，の場合は，No, I don't[do not].とする。

❷「あなたはギターを弾くことができますか」という質問。canを使った文なので，can, またはcannot[can't]を使って答える。

pp.8-9　Step ❸

❶ ❶ I am　❷ I like
　❸ I can play
❷ ❶ Are you from Tokyo
　❷ Do you speak Japanese
　❸ I cannot play cricket
❸ ❶ ウ　❷ ア
❹ ❶ You're　❷ just a little
　❸ Japanese
　❹ けれども私は漢字が読めません。
❺ ❶ I'm[I am] from Australia.

❷ I play tennis.
❸ I can speak Japanese.

考え方

❶ ❶「わたしは…です」は，I am ...で表す。
　❷「…が好きである」= like
　❸「わたしは…ができる」は，I can ...で表す。
❷ ❶「あなたは…出身ですか」は，Are you from ...? で表す。
　❷ 一般動詞の疑問文なのでdoを使う。主語の前にdoを置いて，Do youとし，後ろにspeak Japaneseを続ける。
　❸「…ができない」は〈cannot ＋ 動詞のもとの形〉で表す。
❸ ❶ Are you ...?の質問なので，be動詞を使って答える。　少女「あなたは野球のファンですか」／少年「いいえ，ちがいます。私はバスケットボールのファンです」
　❷ Do you ...?は「あなたは…しますか」という意味。一般動詞の文なので，doを使って答えているアが適切。　少年「あなたはテニスをしますか」／少女「はい，します」
❹ ❶「あなたは…です」を1語で表すので，You areの短縮形であるYou'reを入れる。
　❷ just a littleで，「ほんの少し」という意味。
　❸ 下線部③を含む文は，「私はそれを毎日勉強します」という意味。直前に，朝美がyou speak Japaneseと発言しているので，it「それ」は，Japanese「日本語」を指しているとわかる。
　❹ can't readは「読めない」という意味。
❺ ❶ ベイカー先生になったつもりで答えるので，「私はオーストラリア出身です」という文を作る。「私は…出身です」は，I'm[I am] from ...で表すことができる。
　❷「テニスをする」はplay tennisとする。
　❸「…することができる」は，〈can ＋ 動詞のもとの形〉で表す。

Unit 2 ～ Grammar for Communication 1

p.11 **Step 2**

❶ ❶ 来る　❷ 区域，場所，地域

❸ 市場　❹ ピクニック，遠足

❺ ヨーグルト　❻ 人気のある

❼ America　❽ around

❾ symbol　❿ also

⓫ our　⓬ teacher

❷ ❶ エ　❷ イ　❸ ア

❸ ❶ Hey[Hi]，morning

❷ Nice，meet

❸ How about

❹ Sounds

考え方

❷ ❶ Mr. は男性に対する敬称なので，he「彼は[が]」で受ける。ちなみに，Ms. は女性に対する敬称なので，she となる。

❷ have は「…を食べる，飲む」という意味なので，食べ物を選ぶ。

❸ 1文目は「あれはよいレストランです」という意味なので，crowded「こみ合った，満員の」が適切。

❸ ❶「やあ」は hey または hi で表せる。文の最初の語なので，大文字で始める。

❷ Nice to meet you.「はじめまして」は，初めて会ったときの定番表現。

❸「…はどうですか」は，How about ...? で表せる。相手に感想や意見をたずねる表現。

❹「…そうですね」は，Sounds .... で表せる。

pp.12-13 **Step 3**

❶ ❶ This is　❷ Is that

❸ What is

❷ ❶ She is not from

the Philippines

❷ He is our new teacher

❸ What do you have

❸ ❶ エ　❷ ア

❹ ❶ あなたはここの近くに住んでいるのですか。

❷ How　❸ イ

❹ I walk to school

❺ ❶ Are you from

Australia?

❷ What do you have for

breakfast?

❸ What do you like?

考え方

❶ ❶「こちらは…です」は，This is .... で表す。

❷「あれは…ですか」は Is that ...? で表す。

❸「何ですか」とたずねるときは what を使う。What is this? で「これは何ですか」。

❷ ❶「彼女は…出身です」は She is from ... となる。この文は「…ではありません」という否定文なので，is のあとに not を置く。

❷「彼は…です」は，He is .... で表す。「私たちの新しい先生」は our new teacher。

❸「何を」とたずねるときは，what で文を始める。その後ろに一般動詞の疑問文の形で do you have を続ける。

❸ ❶ Is that ...? は「あれは…ですか」という意味。is の疑問文なので，is を使って「いいえ，ちがいます」と答えているエが適切。「あれはレストランですか。—いいえ，ちがいます」

❷ who「だれ」とたずねているので，人を答えているアが適切。「あちらはだれですか。—あちらはジョシュです」

❹ ❶ Do you ...? は「あなたは…しますか」という疑問文。live は「住む」という意味。around は「…の近くに」という意味を表す。

3

❷「どのように」と方法をたずねる場合は，howを使う。

❸ byは「…によって」という手段を表す。

❹ walk to ...は「…に歩いて行く」という意味。

❺❶「あなたはオーストラリア出身ですか」という疑問文を作る。 ブラウン先生「はい。私はオーストラリア出身です」

❷ whatを使って，「あなたは朝食に何を食べますか」という疑問文を作る。 ブラウン先生「私は朝食にトーストを食べます」

❸ whatを使って，「あなたは何が好きですか」という疑問文を作る。whatで文を始め，その後ろに一般動詞の疑問文の形で，do you likeと続ければよい。 ブラウン先生「私はバスケットボールが好きです」

Unit 3 ～ Grammar for Communication 2

pp.16-17 **Step ❷**

❶❶ びん，ボトル **❷** 5日，5番め(の)
❸ トランペット **❹** タオル，手拭い
❺ くつ **❻** あれらの，それらの
❼ concert **❽** win
❾ week **❿** someday
⓫ activity **⓬** woman

❷❶ ウ **❷** ア **❸** エ

❸❶ How are **❷** Good luck
❸ They're **❹** am off

❹❶ What **❷** Where
❸ When **❹** Who **❺** How

❺❶ How many **❷** How
❸ want to be

❻❶ I study in my room.
❷ I practice the piano on Fridays.

❸ I want to be a teacher.

考え方

❷❶ bring ... to ～で「…を～に持って来る」。「私は練習に私のラケットを持って来ます」

❷ nearは「…の近くに[で]」という意味。「その駅は私たちの学校の近くにあります」

❸ excited＝「わくわくした」。「私は今日，試合があります。私はわくわくしています」

❸❶ How are you?＝「お元気ですか」

❹ off＝「休んで」。be動詞といっしょに用いると，「休みです」という意味になる。

❹❶「私のかばん」とものを答えているので，「何」Whatを入れる。「あれは何ですか。—それは私のかばんです」

❷「東京に」と場所を答えているので，「どこに」Whereを入れる。「あなたはどこに住んでいますか。—私は東京に住んでいます」

❸ 日時を答えているので，「いつ」Whenを入れる。「次の試合はいつですか。—それは6月5日です」

❹ 人物名を答えているので，「だれ」Whoを入れる。「あの男性はだれですか。—彼はオカ先生です」

❺ How are you?で「お元気ですか[調子はどうですか]」という意味。

❺❶「いくつ」と数をたずねるときは，How manyを使い，後ろに名詞の複数形を続ける。

❷「どのように」と手段をたずねるときは，Howを用いる。「私は自転車で学校に来ます」「あなたはどのように学校に来ますか」

❸ a good singerとは「じょうずな歌手」という意味なので，「…になりたい」という文にする。「…になりたい」はwant to be ...で表す。「私はじょうずに歌いたい」「私はじょうずな歌手になりたい」

❻❶ 質問文は「あなたはどこで勉強しますか」という意味。まず，主語，動詞の順に，I study「私は勉強する」とし，後ろに「私の部屋で」in my roomを加える。

❷ 質問文は「あなたはいつピアノを練習しますか」という意味。まず，主語，動詞の順に，I practice「私は練習します」とし，「…を」の部分the pianoを続ける。「金曜日に」は「【日時】…に」を表す前置詞onを使って，on Fridaysとする。「金曜日に（いつも）」と受けとれるので，Fridaysと複数形にする。

pp.18-19 **Step ❸**

❶ ❶ want to ❷ Where do

❸ Who is

❷ ❶ When is your birthday

❷ How many bags do you have

❸ I want to be a basketball player

❸ ❶ ウ ❷ イ

❹ ❶ When

❷ 私たちは火曜日と日曜日が休みです。

❸ Who are those men

❹ coaches

❺ ❶ I walk to school.

❷ I live near our school.

❸ I play basketball on Sundays.

考え方

❶ ❶ 「…したい」は，want to …で表す。

❸ 「だれ」とたずねるときはwhoを使う。

❷ ❷ 〈How many + 名詞の複数形〉の後ろにdo you …の疑問文を続ける。

❸ 「…になりたい」はwant to be …で表す。

❸ ❶ 「私は元気です」と答えていることから判断。「調子はどうですか。―私は元気です。あ

りがとう」

❷ ラケットの数をたずねている。「あなたは何本のラケットを持っていますか。―私は3本持っています」

❹ ❶ 「いつ」はwhenを使ってたずねる。

❷ offは「休んで」という意味。

❸ 「だれ」を表すwhoを文のはじめに置く。

❹ 主語がThey「彼ら」なので，複数形に書きかえる。coachの複数形はesをつけてcoachesとなる点に注意する。

❺ ❶ 質問は「あなたはどのようにして学校に来ますか」という意味。「歩いて学校に来る[行く]」はwalk to school。

❷ 質問は「あなたはどこに住んでいますか」という意味。「…の近くに」はnearで表す。

❸ 質問は「あなたはいつバスケットボールをしますか」という意味。「日曜日に（いつも）」と受けとれるのでon Sundaysと複数形にする。

Unit 4 〜 Grammar for Communication 3

p.21 **Step ❷**

❶ ❶ 正午，真昼

❷ 今，現在は，今では，今すぐ

❸ …時 ❹ 休憩 ❺ 国の，国家の

❻ 丸い，球形の

❼ after ❽ some

❾ period ❿ mean

❷ ❶ ア ❷ エ ❸ ウ

❸ ❶ Study

❷ What time, It's

❸ What time

❹ What food

考え方

❷ ❶ ここでのlikeは動詞ではなく，前置詞で，「…のような[に]」という意味を表す。「このリンゴはボールのように丸いです」

❷ 直前にbe動詞があるので，形容詞nervous

5

「緊張して」が適切。「緊張しないで。あなたはそれをすることができます」

❸ enjoy yourselfで「楽しむ，楽しく過ごす」。

❸ ❷ 時刻をたずねるときは，What time is it? という。答えるときは，It is ....で答える。ここでは空所が１つなので，It isの短縮形It'sを入れる。

pp.22-23　Step ❸

❶ ❶ Walk　❷ Don't

❸ What animal(s)

❷ ❶ What time is it

❷ Don't come by bike

❸ What time do you play badminton

❸ ❶ エ　❷ ウ

❹ ❶ morning tea

❷ during

❸ What time do you have lunch

❹ 私たちは昼食を１時に食べます。

❺ ❶ What time do you have [eat] breakfast?

❷ How's[How is] the weather in New Zealand?

❸ What season do you like?

考え方

❶ ❶「…しなさい」と相手に指示や助言をするときは，動詞のもとの形（原形）で文を始める。「歩く，歩いていく［くる］」= walk

❷「…をしないでください」というときは，文

のはじめにDon'tを置く。

❸「何の…」とたずねるときは，〈What＋名詞...?〉を使う。

❷ ❷「…をしないでください」というときは，文のはじめにDon'tを置く。「自転車で」はby bikeで表す。

❸「何時に」what timeを文のはじめに置く。その後ろには，一般動詞の疑問文の形，do you play badmintonを続ける。

❸ ❶ nervousは「緊張して」という意味。緊張している人にかける言葉としては，エの「心配しないで」が適切。少女「私はとても緊張しています」／少年「心配しないで」

❷ 好きなスポーツを答えていることから考える。少年「あなたは何のスポーツが好きですか」／少女「私はテニスが好きです」

❹ ❶ it「それ」は前に述べたものをさすので，直前のアサミの発言を見ると，morning teaとあり，これをさすとわかる。

❷「…の間に」= during

❸ whatとtimeがあるので，「何時」とたずねる文だと考える。残りの語群にhaveとlunchがあるので，昼食の時間をたずねる疑問文を作る。

❹ at oneは「１時に」という意味。At one.の前にWe have lunchが省略されている。

❺ ❶「何時に…しますか」はWhat time do you ...?とする。

❷ 天気をたずねるときは，「どんなようす」という意味を表す疑問詞howを使って，How is the weather?とする。「ニュージーランドでは」はin New Zealandとする。

❸「あなたは何の季節が好きですか」とたずねる疑問文を作る。「何の季節」はwhat season，「あなたは好きですか」はdo you likeとなる。

Unit 5 〜 Stage Activity 1

pp.26-27　Step ❷

❶ ❶ 髪　❷ ベンチ　❸ 舞台，ステージ

❹ 内気な，恥ずかしがりの

❺ キャンディー，砂糖菓子　❻ 昨日(は)

⑦ quiet ⑧ people
⑨ something ⑩ idea
⑪ festival ⑫ movie

❷ ① イ ② エ ③ ア

❸ ① Look at ② Come on
③ thank you ④ lots of

❹ ① on ② under
③ in ④ by ⑤ at

❺ ① saw ② ate
③ went ④ had

❻ ① I'm[I am] not good at
playing soccer.
② He is on the stage.

考え方

❷ ① 2文目の内容から判断して，イ thirsty「の
どのかわいた」が適切。「私はのどがかわい
ています。私は水が飲みたいです」

② 1文目の内容から判断して，エ need「…を
必要とする」が適切。「私たちはテニスを
します。私たちはラケットが必要です」

③ Where「どこに」とたずねているので，位置
を答えていると考える。ア over が適切。
over there で「あそこに」という意味になる。
「アカイホールはどこですか。—それはあそ
こにあります」

❸ ① 「…を見る」は look at ... で表す。

③ 「いいえ，けっこうです」は，No, thank you.
という。申し出を断るときの表現。

④ 「たくさんの…」は，lots of ... で表す。

❹ ものや人の位置を表すときは前置詞を用いる。

① on は「【所属】…の一員で」という意味。「私
はバスケットボールチームの一員です」
このほかにも，「…(の上)に〔で〕」という意

味もある。

② under は「…の下に〔で〕」という意味を表す。
「イヌが木の下にいます」

③ in は「【時間】…に」という意味を表す。「ホ
ワイト先生は1月に日本に来ました」

④ by は「【場所】…のそばに」という意味を表す。
「私たちの学校は駅のそばにあります」

⑤ at は「【場所】…に，…で」という意味を表
す。「私たちは学校で英語を勉強します」

❺ ① see は不規則動詞で，過去形は saw。「私
は昨日，浴衣を着た人々を見ました」

② eat は不規則動詞で，過去形は ate。

③ go は不規則動詞で，過去形は went。

④ enjoy myself で「楽しむ，楽しく過ごす」と
いう意味を表す。have a ... time で「…な時
を過ごす」という意味になるので，have の
過去形 had を入れる。

❻ ① 質問は「あなたはじょうずなサッカー選手
ですか」という意味。「私はサッカーをする
のが得意ではありません」という文を作る。
「…が得意ではない」は，〈be動詞 + not
good at ...ing〉で表すことができる。

② 質問は「坂本先生はどこにいますか」という
意味。「彼は舞台の上にいます」という文を
作る。「…の上に」は前置詞 on を使う。
Mr. は男性を表すので he に置きかえる。

pp.28-29 Step ❸

❶ ① by ② like singing
③ enjoyed

❷ ① The girl in the red
yukata is Asami
② I like jogging with
my dog
③ We had a great time

❸ ① エ ② ウ

❹ ① like dancing

7

❷ いいえ，けっこうです。

❸ <u>I'm not good at dancing</u>

❹ <u>shy</u>

❺ ❶ I like studying English.

❷ I'm[I am] good at playing the piano.

❸ I went to Australia this year.

考え方

❶ ❶「…のそばに」= by

❷「…することが好き」はlike ...ingで表す。「歌う」= sing

❸ enjoy「…を楽しむ」の過去形はedをつけて，enjoyedとする。

❷ ❶「赤い浴衣を着ている少女」は，「…を着て，…を身につけて」を表す前置詞inを使い，The girl in the red *yukata*とする。その後ろに，「アサミです」is Asamiを続ける。

❸「すばらしい時を過ごす」はhave a great timeで表せる。haveの過去形はhad。

❸ ❶ ミナト駅はどこかとたずねているので，「それはあそこにあります」と答えているエが適切。over thereで「あそこに」という意味を表す。 少年／「ミナト駅はどこですか」／少女「それはあそこにあります」

❷ 空腹だといっているので，「何か食べましょう」と提案しているウが適切。 少年「私は空腹です」／少女「何か食べましょう」

❹ ❶「…すること」は動詞にingをつけて表す。「おどることが好きです」= like dancing

❷ No, thank you.は「いいえ，けっこうです」という意味。申し出を断るときの定番表現。

❸ be good at ...ingの否定文は，be動詞のあとにnotを置く。

❹「恥ずかしがりの」を表すshyを入れる。

❺ 自己紹介の文なので，Iを主語にして書く。

❶ like ...ingを使って，「私は英語を勉強することが好きです」という文を作る。

❷ be good at ...ingを使って，「私はピアノを弾くことが得意です」という文を作る。

❸ go「行く」の過去形wentを使って，「私は今年オーストラリアに行きました」という文を作る。「…へ行く」= go to

Unit 6 ～ Grammar for Communication 4

pp.31-33　**Step ❷**

❶ ❶ ブログ　❷（ある）地方の，地元の

❸ 彼の　❹ 学生，生徒　❺ 言語，言葉

❻ 問題　❼ weekend　❽ camera

❾ anyone　❿ question　⓫ borrow

⓬ open

❷ ❶ ○　❷ ×　❸ ○　❹ ×

❸ ❶ ア　❷ イ　❸ エ

❹ ❶ years old　❷ go swimming

❸ very much

❺ ❶ doesn't　❷ Does　❸ Do

❹ don't

❻ ❶ walks　❷ has

❸ he does　❹ doesn't eat

❺ Do

❼ ❶ No, she doesn't.

❷ He lives in Cebu.

❸ Yes, she does.

❹ She has two brothers.

❽ ❶ こんにちは（やあ），みなさん。

❷ 私の姉（妹）は英語をじょうずに話します。

❸ ケンは平日にバスケットボールを練習しますか。

❹ メグはどんなマンガ本が好きですか。

❾ ❶ Haruka goes to school at eight

❷ Josh has a guitar

❸ Does he enjoy scuba diving

❹ My mother does not speak English

❿ ❶ Look at this picture.

❷ Emma lives near the beach.

❸ What sport does he like?

❶ ❼ 「週末」= weekend。「平日」= weekdayと
いっしょに覚えておこう。

❸ ❶ 「…を書く」に合うのは，ア。「私は毎日兄
[弟]のブログにコメントを書きます」

❷ anyは疑問文などで，「いくらかの，何らか
の」という意味を表す。

❸ mix =「混合」。「このジュースはリンゴとオ
レンジの混合です」

❹ ❶ years old =「…歳，創立…年」

❷ go ...ing =「…しに行く」

❸ very much =「とても，たいへん」

❺ ❶ 主語がI, you以外の単数なので，doesn't
を使う。「エマはバスケットボールをしま
せん。彼女はネットボールをします」

❷ 主語がI, you以外の単数なのでdoesを使
う。「あなたのお兄さん[弟さん]はイヌが
好きですか」

❹ 主語が複数なので，don'tを使う。「私たち
は日曜日には授業がありません」

❻ ❶ 主語がI, you以外の単数なのでwalkにsを
つけてwalksとする。「アヤカは学校に歩
いて行きます」

❷ haveの三人称単数現在形はhasとなる。「サ
トウ先生は正午に昼食を食べます」

❸ doesを使って，Yes, he does.とする。

❹ 主語が三人称単数なので，doesn'tを使う。
「メグは朝食に果物を食べません」

❺ 主語が複数なので，doesではなくdoを使
う点に注意する。「ユカと彼女の姉[妹]は，
いっしょに学校に来ますか」

❼ ❶ 「エマはスキューバダイビングが好きです
か」。doesの疑問文なので，doesを使っ
て答える。Emmaをsheに置きかえる。

❷ 「卓也はどこに住んでいますか」とたずね
ている。卓也をheに置きかえて，動詞にはs
をつけてlivesとする。

❹ 「エマには兄弟が何人いますか」とたずね
ている。haveの三人称単数現在形はhas。

❽ ❸ on weekdaysは「平日に」という意味。

❹ whatは「どんな，何の」なので，What comic
bookは「どんなマンガ本」という意味になる。

❾ ❶ 「学校へ行く」はgo to school。主語Haruka
が三人称単数なのでgoesとなっている。「8
時に」はat eight。

❸ 疑問文なので，doesを主語の前に置く。

❹ 否定文なのでdoes not speakとなる。

❿ ❶ 「…を見る」はlook at。「見なさい」なので，
主語は置かずにLook at ....とする。

❷ エマが主語なので，動詞はlivesとなる。「…
の近くに」はnearを使う。

❸ what sport「何のスポーツ」を文のはじめ
に置く。「彼」が主語なのでdoes he likeが
続く。

pp.34-35　Step ❸

❶ ❶ years old　❷ enjoys taking
❸ very much

❷ ❶ We go swimming together
❷ Mr. Brown meets a lot of students
❸ My sister does not practice the piano
on weekends

❸ ❶ イ　❷ イ

❹ ❶ だれか何らかの質問はありますか。
❷ likes
❸ What does he like for dessert
❹ and so on

❺ ❶ He lives near our school.
❷ He enjoys singing (on weekends).
❸ He has a sister and a brother.

❶ ❶ 「…歳」は... years oldで表す。

❷ 「撮ること」はtaking。「彼」が主語なので，
enjoy「楽しむ」はenjoysとする。

❸ 「大好き」は「とても好き」という意味なので，
like ... very muchで表せる。

❷ ❶ go ...ing =「…しに行く」
❷ a lot of =「たくさんの，多数の」

❸ ❶ 少年「ハロハロはフィリピン語で『パフェ』
という意味ですか」／少女「いいえ，ちがい

ます」

❷ Can I ...?「…してもいいですか」とたずねて
いるのに対し，Sure.「もちろん[いいとも]」
と答えていることから考える。No problem.
は「いいですよ[もちろん]」という意味。

❹ ❶ anyoneは「だれか」という意味。

❷ 主語がheなので，likesとする。

❸ 疑問詞whatで文を始め，doesを使った疑
問文を続ける。最後にfor dessertを置く。

❹「…など」= and so on

❺ ❶「彼は私たちの学校の近くに住んでいます」
という文を作る。

❷「歌うこと」は，singing。「彼は（週末に）歌
うことを楽しみます」とする。

❸「彼は姉が一人，弟が一人います」という文
を作る。haveの三人称単数現在形はhas。

Unit 7 ～ Grammar for Communication 5

pp.37-39 **Step ❷**

❶ ❶ 陶器，陶芸 ❷ 作品

❸ 役に立つ，有用な ❹ 分

❺ 切符，チケット ❻ 歴史 ❼ hour

❽ perform ❾ role ❿ wait

⓫ careful ⓬ still

❷ ❶ × ❷ × ❸ × ❹ ×

❸ ❶ ア ❷ イ ❸ エ

❹ ❶ Why don't ❷ What's wrong

❸ too bad

❺ ❶ her ❷ He ❸ She ❹ him ❺ Its

❻ ❶ them ❷ us

❸ Whose camera ❹ yours

❼ ❶ I know him.

❷ I don't[do not] know her.

❸ It's[It is] his.

❹ They're[They are] mine.

❺ It's[It is] Asami's.

❽ ❶ はい，どうぞ。

❷ あなたは春と秋のどちらが好きですか。

❸ 私は熱があります。

❹ 私たちは1時間，ひと休みします。

❾ ❶ We like her very much

❷ A performer in *kimono* plays different
roles

❸ Which do you eat, *udon* or *soba*

❹ Be careful with your bag

❿ ❶ I don't know them.

❷ Whose guitar is this?

❸ He is a foreign artist from the U.K.

❹ We want to see[meet] him someday.

考え方

❸ ❶「外国の」= foreign。「ユアンはオーストラ
リアの出身です。彼は外国人芸術家です」

❷「演技者」= performer。*rakugo* performer
で「落語家」となる。「ダイアン・キチジツ
は落語家です」

❸「ショー」= show。「私の祖父は歌舞伎の
ショーを楽しみます」

❹ ❶「（いっしょに）…しませんか」= Why don't
we ...?

❷「どうかしたのですか」= What's wrong?

❸「それはいけませんね」= That's too bad.

❺ ❶ that girlをher「彼女を」にする。「あの少
女はだれですか。私は彼女を知りません」

❷ Mr. Greenをhe「彼は」に置きかえる。「私
の先生はグリーン先生です。彼はバスケッ
トボールをします」

❸ Linaをshe「彼女は」に。「リナは日本語を
話します。彼女はフィリピン語も話します」

❹ my brotherをhim「彼を」に置きかえる。「あ
れは私の兄[弟]です。私は彼が好きです」

❺「それの」= its。「私は1匹のイヌを飼って
います。それの名前はポチです」

❻ ❶ Josh and Megをthem「彼らを」にする。

❷ Emma and meをus「私たちを」にする。

❸ 持ち主をたずねるときは，whose「だれの」
を〈whose＋名詞〉の形で使う。

❹「あれはあなたのかばんです」→「あのかばん
はあなたのものです」とする。「あなたのもの」
= yours

❼ ❶「彼を」= him

❷「彼女を」= her

③「彼のもの」= his

④「私のもの」= mine

⑤ 人名で「…のもの」というときは，〈人名＋'s〉の形になる。

❽ ① 相手に物を手渡すときの定番表現。

② which =「どちら」，or =「それとも」

③ fever =「熱」

④ take a rest =「ひと休みする」

❾ ①「大好き」は「とても好き」という意味なので，like ... very muchとする。

②「着物を着た」はin *kimono*で表す。「いろいろな役を演じます」はplays different roles。

③「どちら」= which。A or B「AそれともB」の前にはコンマをつける。

④「…の扱いに気をつける」= be careful with ...

❿ ①「彼らを」= them

②「だれのギター」はwhose guitarとする。

③ まず，「彼は外国人芸術家です」He is a foreign artistという文の骨組みを作り，「イギリス出身」from the U.K.をartistの直後に置いて，後ろから修飾する形にする。

④「…したい」はwant to ...で表す。「いつか」はsomedayを使う。

pp.40-41 **Step ③**

❶ ① her ② Which does, or

③ Whose camera

❷ ① Is that blue bike yours

② Why don't we go to the beach

③ I want to take a rest in the nurse's office

❸ ① エ ② イ

❹ ① in ② Whose ticket is this

③ mine

④ チケットの扱いに気をつけて（ください）。

❺ ① Whose guitar is this?

② What sport(s) does he[your brother] play?

③ Which do you like, basketball or soccer?

考え方

❶ ② which「どちらが」を文のはじめに置き，その後ろに一般動詞の疑問文を続ける。主語はyour grandfatherなので，doesを用いる。「AそれともB」= A or B

③「だれのカメラ」はwhose cameraで表す。

❷ ②「（いっしょに）…しませんか」= Why don't we ...?

③「ひと休みする」= take a rest

❸ ① 少年「今日は調子はどうですか」／少女「あまりよくありません」

② 少女「どうかしたのですか」／少年「頭痛がします」

❹ ①「…後に」と【時間】を表す前置詞はin。

②「だれのチケット」= whose ticket

④ be careful with ... =「…の扱いに気をつける」

❺ ① whose「だれの」を使って，「これはだれのギターですか」という疑問文を作る。

② what「何の」を使って，「彼は何のスポーツをしますか」という疑問文を作る。

③ which「どちら」を使って，「あなたはバスケットボールとサッカーのどちらが好きですか」という文を作る。

Unit 8 ～ Grammar for Communication 6

pp.43-45 **Step ②**

❶ ① 明日（は） ② さよなら，バイバイ

③（…の）準備をする，備える

④ すぐに，まもなく ⑤ 永久に，永遠に

⑥ 速く，すぐに，急いで ⑦ free

⑧ then ⑨ say

⑩ forget ⑪ happen ⑫ dear

❷ ① イ ② ア ③ イ ④ イ

❸ ① イ ② ウ ③ イ

❹ ① Happy birthday ② Of course

③ See you

❺ ① Where ② What ③ When

④ How ⑤ what's

❻ ① am studying ② is walking

❸ are not jogging　❹ is, doing

❼ ❶ Yes, I am.

　❷ No, he isn't[is not].

　❸ They are dancing.

　❹ How beautiful!

　❺ What a cute dog!

❽ ❶ 楽しいことのように思えます。

　❷ 早く元気になってね！

　❸ どういたしまして。

　❹ 私たちはそのパーティーを楽しみに待っています。

❾ ❶ I am watching a movie now

　❷ We are not having breakfast now

　❸ What are you doing now

　❹ What a nice present

❿ ❶ I am playing the piano now.

　❷ My brother is not writing a blog now.

　❸ Are you taking a video now?

　❹ How good[delicious]!

考え方

❸ ❶「テレビゲーム」＝ video game

　❷「不意打ちパーティー」＝ surprise party

　❸「…を飾る」＝ decorate

❹ ❶「誕生日おめでとう」＝ Happy birthday.

　❷「もちろん」＝ of course

　❸「またね」＝ See you.

❺ ❶「どこに」＝ where

　❷〈What ＋ 名詞を含む語句 ＋ ！〉＝「なんて…だろう！」

　❸ 時を答えているので，「いつ」とたずねていると考える。「いつ」＝ when

　❹〈How ＋ 形容詞か副詞 ＋ ！〉「なんて…だろう！」

　❺「どうしたのですか」＝ What's up?

❻ ❶ 現在進行形にかえる。主語がIなので，〈am ＋ …ing〉となる。

　❷ 主語がMegなので，〈is ＋ …ing〉となる。

　❸ 現在進行形の否定文にかえる。主語がwe なので，〈are not ＋ …ing〉となる。

　❹ Whatの後ろは現在進行形の疑問文の形に

なるので，isを主語の前に置く。

❼ ❶ 主語に合ったbe動詞を使って答える。答えの主語は「私」なので，Yes, I am.となる。

　❹〈How ＋ 形容詞か副詞 ＋ ！〉「なんて…だろう！」を使う。「なんて美しい海辺だろう！」だと What a beautiful beach!となる。

　❺〈What ＋ 名詞を含む語句 ＋ ！〉＝「なんて…だろう！」を使う。「なんてかわいいのだろう！」だと How cute!となる。

❽ ❶ sound like ＝「…のように聞こえる，思える」

　❸ You're welcome.「どういたしまして」は Thank you.への返事として用いられる。

　❹ look forward to ... ＝「…を楽しみに待つ」

❾ ❶ 進行中の動作は現在進行形で表すから am watchingとなる。

　❷ 現在進行形の否定文は，be動詞（am, are, is）の後ろにnotを置く。

　❸ what「何」を文のはじめに置き，現在進行形の疑問文の形を続ける。

　❹〈What ＋ 名詞を含む語句 ＋ ！〉の文。

❿ ❶ 現在進行形〈am[are,is] ＋ …ing〉で表す。

　❷ 否定文の主語が三人称単数だから，is not writingとなる。

　❸ 疑問文の主語がyouだから，Are you taking となる。

　❹〈How ＋ 形容詞 ＋ ！〉＝「なんて…だろう！」

pp.46-47　Step ❸

❶ ❶ are having[eating]

　❷ What is, doing

　❸ How kind

❷ ❶ Are Meg and Takuya practicing dance now

　❷ My dog is not drinking water now

　❸ What an interesting book

❸ ❶ エ　❷ ウ

❹ ❶ is decorating

　❷ 私たちは不意打ちパーティーを準備しています。

　❸ Are you taking a picture　❹ to

❺ ❶ I am doing my homework.

❷ They are studying Japanese.

❸ He is jogging in the park.

考え方

❶ ❶ 進行中の動作なので，現在進行形〈am[are, is] + ...ing〉で表す。

❷ 「何」whatを文のはじめに置き，その後ろに現在進行形の疑問文を続ければよいので，主語Ms. Cookの前にisを置く。

❸ 「親切な」kindは形容詞なので，〈How + 形容詞 + ！〉の文にする。

❷ ❶ 現在進行形の疑問文なので，be動詞を主語の前に置く。

❷ 否定文はbe動詞の後ろにnotを置く。

❸ 〈What + 名詞を含む語句 + ！〉の文。

❸ ❶ 「何をしているのですか」とたずねているので，エ「私は本を読んでいます」が適切。

❷ of course =「もちろん」

❹ ❶ 現在進行形〈am[are, is] + ...ing〉にする。主語が三人称単数なのでbe動詞はis。

❷ prepare =「…を準備する」，surprise party =「不意打ちパーティー」

❸ 現在進行形の文。take a picure =「写真を撮る」

❺ ❶ 現在進行形で，「私は宿題をやっています」という文を作る。

❷ 現在進行形を使って，「彼らは日本語を勉強しています」という文を作る。

❸ 「彼は公園でジョギングをしています」という文を作る。jogの ...ing形はjoggingとgを2つ続ける点に注意。

Unit 9 〜 Stage Activity 2

pp.49-51 **Step ❷**

❶ ❶ いとこ ❷ 働く，作業をする

❸ もっと遅く，あとで ❹ 列，並び

❺ 村 ❻ ボランティア

❼ presentation ❽ understand

❾ late ❿ collect ⓫ build ⓬ money

❷ ❶ イ ❷ ア ❸ ウ ❹ ウ

---

❸ ❶ エ ❷ イ ❸ ア

❹ ❶ On the other hand

❷ for a long time

❸ Excuse me

❺ ❶ to ❷ in ❸ at ❹ over ❺ on

❻ ❶ want to go ❷ need to study

❸ tries to speak ❹ looks

❼ ❶ I need to practice (the piano).

❷ I don't[do not] want to drink (water).

❸ I want to eat ethnic food.

❹ I try to read many[a lot of, lots of] books.

❺ Me, too.

❽ ❶ 私たちは最善を尽くそうと努力します。

❷ 多くの子供たちが1列に並んで待っています。

❸ そのとおりです。

❹ 私はどうすれば駅に行けますか。

❾ ❶ It looks hot

❷ You need to eat something

❸ Asami does not want to watch the movie

❹ My teachers cheer me up

❿ ❶ You look hungry.

❷ We need to collect money.

❸ What do you want to be?

❹ Turn left at the third traffic light.

考え方

❸ ❶ childの複数形はchildren。

❷ 「主な，主要な」= main

❸ 「（通り・道）を進む」= go along

❹ ❶ 「他方では，これに反して」= on the other hand

❷ 「長い間」= for a long time

❸ 「すみません」= Excuse me.

❺ ❶ 「…を聞く」= listen to ...

❷ 「困っている」= in need

❸ 「学校で」= at school

❹ 「あそこに」= over there

❺ 「日曜日に」= on Sundays

❻ ❶ 「…したい」=〈want to + 動詞の原形〉

❷「…する必要がある」＝〈need to＋動詞の原形〉

❸「…しようと試みる，努力する」＝〈try to＋動詞の原形〉

❹「…に見える」＝look

❼❶「…する必要がある」＝〈need to＋動詞の原形〉

❷「…したい」＝〈want to＋動詞の原形〉。このかたまりを1つの動詞と考えて否定文にするので，I don'tの後ろにwant to drinkと続ける。

❹「…しようと試みる，努力する」＝〈try to＋動詞の原形〉

❺「私も」＝Me, too.

❽❶do our best＝「最善を尽くす」

❷in line＝「1列に並んで」

❹howは「どのように」，get toは「…に着く」という意味。How can I get to ...?で「どうすれば…まで行けますか」となる。

❾❶天気は主語をitにする。look「…に見える」なので，It looks hot today.となる。

❷「…する必要がある」＝〈need to＋動詞の原形〉

❸want to watchを1つの動詞と考えるので，このかたまりの前にdoes notを置く。

❹「…を元気づける」＝cheer ... up

❿❶「…に見える」＝look

❷「…する必要がある」＝〈need to＋動詞の原形〉，「お金を集める」＝collect money

❸「何」whatで文を始め，want to beを1つの動詞と考えて疑問文を作る。

❹「…で左に曲がる」はturn left at ...になる。

pp.52-53　Step ❸

❶❶want to help　❷What do, want to
❸looks happy

❷❶Do you want to go to Australia
❷Meg doesn't want to be late for
❸Turn right at the first traffic light

❸❶ア　❷ウ

❹❶㋐as　㋑like

❷She always wants to help people in need

❸working

❹それはときどき難しいですが，彼女は最善を尽くそうと試みます。

❺❶He wants to be an English teacher.
❷He needs to help his mother (every day).
❸He tries to read many[a lot of, lots of] books.

考え方

❶❶「…したい」＝〈want to＋動詞の原形〉

❷文のはじめには「何」whatが入る。「…したい」want to doのかたまりを1つの動詞と考えて疑問文を作る。

❸「…に見える」＝look。三単現のsをつける。

❷❷「…に遅刻する」＝be late for ...

❸「…で右に曲がる」＝turn right at ...

❸❶男性「すみません。ミドリ駅をさがしているのですが」／女性「何とおっしゃいましたか」／男性「ミドリ駅はどこですか」。Pardon me?は聞き返すときの表現。

❷少女「どうすれば図書館に行けますか」／少年「バスで(行けます)」

❹❶㋐as＝「…として」　㋑like＝「…のように」

❷alwaysは一般動詞wantsの前に置く。in needで「困っている」という意味。

❸文のはじめにNowがあることと，she's＝she isと直前にbe動詞があるので，...ingの形にして現在進行形の文にする。

❹try to ...＝「…しようと試みる，努力する」，do one's best＝「最善を尽くす」one'sの部分は主語によってかわる。

❺❶「彼は英語の先生になりたい」という文を作る。「…になりたい」はwant to be ...で表す。

❷「彼は母を(毎日)手伝う必要がある」という文を作る。「…する必要がある」＝〈need to＋動詞の原形〉

❸「彼はたくさんの本を読むよう努力している」という文を作る。「…しようと努力する」＝〈try to＋動詞の原形〉

Let's Read 1

p.55 **Step 2**

❶ ❶ …に[を]のぼる　❷ 滞在する，泊まる

❸ 興味を持っている　❹ 情報

❺ plan　❻ choose

❷ ❶ ア　❷ ア　❸ ア　❹ ウ

❸ ❶ ア　❷ ウ

❹ ❶ on foot　❷ Here are

❺ ❶ up　❷ to　❸ for　❹ in

考え方

❶ ❶ 語尾にbがつくことに注意する。

❷ ❷ probably＝「十中八九，たぶん」

❸ interested＝「興味を持っている」

❹ information＝「情報」。-tionで終わる単語は直前の音節を最も強く発音する。

❸ ❶ easily「簡単に，楽に，すぐに」，get to …「…に着く，到着する」

❷ trip＝「旅行」。現在進行形の文。「私たちは大阪への旅行を計画しています」

❹ ❶ 「徒歩で」＝on foot

❷ 「これが…です」Here are …で表す。

❺ ❶ go up＝「のぼる，上がる」。「私たちはアサヒ山にバスでのぼることができますか」

❷ look forward to …＝「…を楽しみに待つ」「私たちはその発表を楽しみに待っています」

❸ Thanks for ….＝「…をありがとう」

❹ in＝「【場所】…(の中)に[で，の]」。「私は山小屋に滞在したいです」

Unit 10 ～ Let's Write 2

pp.57-59 **Step 2**

❶ ❶ もの，こと　❷ 劇場，映画館

❸ (女性を含む)俳優　❹ 演技，演奏，公演

❺ 伝統的な　❻ ホテル，旅館　❼ vacation

❽ part[role]　❾ stood　❿ each

⓫ special　⓬ parent

❷ ❶ イ　❷ ア　❸ イ　❹ イ

❸ ❶ イ　❷ イ　❸ ウ

❹ ❶ is full of　❷ each other

❸ at home

❺ ❶ came　❷ took　❸ said

❹ ate　❺ got

❻ ❶ traveled　❷ watched

❸ Did, study　❹ didn't go

❼ ❶ Yes, I did.

❷ No, he didn't[did not].

❸ I went to the library.

❹ I visited my grandmother with my family.

❺ I[We] stayed there for a[one] week.

❽ ❶ 私はすばらしい時を過ごしました。

❷ メグは初めてソバを食べました。

❸ 冬休みの間，私たちはどこにも行きませんでした。

❹ おばあちゃん，体に気をつけてね。

❾ ❶ We watched a soccer game

❷ My mother made this bag for me

❸ Mr. Toda did not go to London

❹ What did you have for breakfast

❿ ❶ I saw beautiful fireworks last summer.

❷ Yuka didn't[did not] listen to music yesterday.

❸ When did you come to Japan?

考え方

❶ ❹ performer＝「演技者」もいっしょに確認しておこう。

❾ stand「立つ，立っている」は不規則動詞で，過去形はstoodとなる。

❷ ❶ 最も強く発音するのは第二音節。日本語のアクセントと異なるので注意しよう。

❸ -tionで終わる単語は，その直前の音節を最も強く発音する。

❸ ❶ He「彼」といっているので，人を指す語が入ると考える。「写真の中のこの男性はだれですか。―彼は私の大好きな俳優です」

❷ 「あなたは昨日何をしましたか。―特に何も」

❸ 2文目の内容から判断して，スキーに関係することだと考える。天気の状態を話すと

15

きはitを主語にするので，ウを選んで雪が降ったとする。「昨夜たくさん雪が降りました。私たちはスキーができます」

❹ ❶「…でいっぱいである」は be full of ...。主語がThe museumという三人称単数なので，be動詞はisにする。

❷「たがい(に)」= each other

❸「家で[に]」= at home

❺ ❶ come の過去形は came。「クック先生は昨日，自転車で学校に来ました」

❷ take の過去形は took。「私たちは先週，何枚かの写真を撮りました」

❸ say の過去形は said。「ユミは私に，『誕生日おめでとう！』と言いました」

❹ eat の過去形は ate。「私は昨年，ジョシュといっしょにおせちを食べました」

❺ get の過去形は got。「タクヤは今朝7時に起きました」

❻ ❶ travel は規則動詞なので，過去形は ed をつけて traveled となる。「私たちは昨年，北海道に旅行をしました」

❷ watch は規則動詞なので，過去形は ed をつける。「ケンは昨夜テレビを見ました」

❸ 過去の疑問文は主語の前に did を置く。現在形の do, does とは違い，過去形の場合は，主語の人称に関係なく，did を用いる。「あなたは昨日，英語を勉強しましたか」

❹ 過去の否定文は，動詞の前に did not[didn't] を置く。did を使う文では動詞をもとの形（原形）にする。「私は昨日，学校に行きませんでした」

❼ ❶ 質問は「あなたは今朝早く起きましたか」。did の疑問文には did を使って答える。

❷ 質問は「あなたのお兄さん〔弟さん〕は昨日サッカーをしましたか」。

❸ 質問は「あなたはこの前の土曜日にどこへ行きましたか」。go の過去形は went。

❹ 質問は「冬休みの間，あなたは何をしましたか」。「…を訪ねる」は visit で，過去形は visited となる。「家族といっしょに」= with my family

❺ 質問は「あなたはそこでどのくらい長く滞在しましたか」。how long =「どのくらい長く」stay「滞在する」の過去形は stayed となる。「1週間」= for a[one] week

❽ ❶ have a ... time =「…な時を過ごす」wonderful =「すばらしい」。had は have の過去形なので，過去の文として訳す。

❷ ate は eat「…を食べる」の過去形。for the first time =「初めて」

❸ anywhere は否定文で，「どこにも(…ない)」という意味を表す。during =「…の間ずっと，…の間に」。didn't なので，過去の否定文。

❹ take care of oneself =「体に気をつける」。grandma は「おばあちゃん」という意味。grandmother =「祖母」も確認しておこう。

❾ ❷「…を作る」make の過去形は made なので，「母がこのかばんを作ってくれた」を My mother made this bag と並べる。この後ろに「私のために」for me を置く。

❸ 主語の Mr. Toda に続けて，「行かなかった」を did not go と並べる。さらに，「ロンドンへ」を to London とする。

❹ まず，「何」what という疑問詞を文のはじめに置く。その後ろに一般動詞の過去の疑問文「あなたは食べたか」を，did you have と続ける。「朝食に」は for breakfast。

❿ ❶「…を見る」see の過去形は saw。「美しい花火」は beautiful fireworks。「この前の夏」は last summer とする。

❷「…を聞く」は listen to ...。過去の否定文なので，動詞の前に，didn't[did not] を置く。動詞はもとの形（原形）にする。

❸ まず，「いつ」= when という疑問詞を文のはじめに置く。その後ろに一般動詞の過去の疑問文「あなたは日本に来たか」を，did you come to Japan と続ける。動詞はもとの形（原形）にすることに注意する。

pp.60-61　Step 3

❶ ❶ saw　❷ did not go　❸ Where did

❷ **①** My brother's room is full of books

② We needed to help each other

③ Did Ken go skiing last winter

❸ **①** ウ　**②** ウ

❹ **①** What did you do on New Year's Day

② ㋐got　㋑went　㋒ate

③ あなたとあなたの両親が，おせちを作ったのですか。

④ How nice

❺ **①** I visited my grandmother with my family (during winter vacation).

② I[We] stayed there for five days.

③ I[We] counted down to the New Year for the first time.

考え方

❶ **①**「…を見る」seeの過去形はsaw。

② 過去の否定文なので，動詞の前にdid notを置く。動詞は原形のgoとする。

③ where「どこで」を文のはじめに置く。過去の疑問文なので，didを主語の前に置く。

❷ **①**「…でいっぱいである」= be full of ...

②「…する必要がある」=〈need to＋動詞の原形〉。「おたがいに」= each other

③ 過去の疑問文なので，主語の前にdidを置く。「…しに行く」= go ...ing

❸ **①** didを使った過去の疑問文なので，didを使って答えているウが適切。　少年「あなたはすばらしい時を過ごしましたか」／少女「はい，過ごしました」

② what「何」とたずねる疑問文なので，yes，noの答えは合わない。「特に何も」と答えているウが適切。　少女「あなたは昨夜何をしましたか」／少年「特に何も」

❹ **①** 疑問詞whatがあるので，まず文のはじめに置く。語群から，過去の疑問文とわかるので，didを主語youの前に置いて，What did you doと並べる。

② ㋐getの過去形はgot，㋑goの過去形はwent，㋒eatの過去形はate。

③ it「それ」とは前に述べられたものを指すので，

直前の発言を見る。itに置きかえられるものは，おせちだとわかる。

④「すてき」はnice。「なんて…でしょう！」は〈How＋形容詞＋！〉で表すことができる。

❺ **①** 質問は「あなたは冬休みの間，何をしましたか」。【日記】から得た情報から，「私は（冬休みの間），家族といっしょにおばあちゃんを訪ねた」という文を作る。

② 質問は「あなた（たち）はどのくらい長くそこに滞在しましたか」。→「私（たち）は，５日間そこに滞在しました」という文を作る。

③ 質問は「あなた（たち）はそこで何をしましたか」。→「私（たち）は初めて新年の秒読みをしました」という文を作る。「新年の秒読み」はcount down to the New Year，「初めて」はfor the first time。

Unit 11 ～ Stage Activity 3

pp.64-67　**Step ❷**

❶ **①** ほかの，別の，ちがった

② 台所，調理場　**③** 写真

④ アルバム　**⑤** 湖，湖水　**⑥** …の後ろに

⑦ against　**⑧** half　**⑨** shower

⑩ these　**⑪** ran　**⑫** won

❷ **①** ア　**②** イ　**③** ア　**④** イ　**⑤** ア　**⑥** イ

❸ **①** ウ　**②** イ　**③** ア　**④** エ　**⑤** ア　**⑥** イ

❹ **①** At first　**②** set up　**③** picked, up

④ Good job　**⑤** brings back

⑥ on my way　**⑦** What would, like

⑧ My pleasure　**⑨** Sounds like

❺ **①** in　**②** at　**③** for

④ to　**⑤** on　**⑥** of　**⑦** up

❻ **①** was　**②** were　**③** was not

④ weren't　**⑤** was playing

⑥ were writing　**⑦** What was, doing

⑧ There aren't　**⑨** Is there

⑩ There is

❼ **①** Yes, I was.

② I was listening to music.

③ Yes, there is.

④ Yes, please.

❽ ❶ 私の父はバスケットボールの選手でした。

❷ あなた(がた)は昨日，学校にいましたか。

❸ 机の上に写真アルバムがあります。

❹ 私たちはそのときバドミントンの練習をしていました。

❾ ❶ It was snowing

❷ There are many interesting places in Japan

❸ Were you happy after the game

❹ I was not good at speaking English

❿ ❶ Was Meg nervous before her[the] presentation?

❷ There is a piano in my room.

❸ What were you doing last night?

考え方

❶ ❸ photo「写真」はphotographを短縮した語。

⓬ win「…に勝つ」は不規則動詞。

❷ ❶ pleasure＝「楽しみ，喜び」

❷ 最も強く発音するのは第二音節。日本語のアクセントと異なるので注意しよう。

❸ outdoor＝「屋外の，野外の」

❺ 最も強く発音するのは第一音節。日本語のアクセントと異なるので注意しよう。

❸ ❶ event＝「出来事，行事」。「私たちの学校にはおもしろい行事がたくさんある」

❷ contest＝「コンテスト，コンクール」。「1月に，私たちは合唱コンクールがある」

❸ steak＝「ステーキ」。「ケンは昼食にステーキとサラダを食べた」

❹ beat＝「どきどきする」，「発表の前に私の心臓は速くどきどきしていた」

❺ rookie＝「新人，ルーキー」。「4月に私たちのバスケットボールチームに新人がいた」

❻ half＝「半分，2分の1」。「私はサッカーの試合を後半から見た」

❹ ❶「最初は」＝ at first

❷「…を建てる」＝ set up

❸「…を拾い上げる」＝ pick ... up

❹「よくやった」＝ Good job.

❺「…を思い出させる」＝ bring back

❻「(…へ行く)途中で」＝ on one's way (to)

❼「…がほしい(のですが)」＝ would like

❽「どういたしまして」は My pleasure. や，You're welcome. などの言い方がある。

❾「…のように聞こえる，思える」＝ sound like

❺ ❶「【時間】…に」＝ in

❸「【時間】…の間」＝ for

❹〈show＋物＋to＋人〉＝「〈物〉を〈人〉に見せる」という意味になる。

❺「【日時】…に」＝ on

❻「たくさんの…」＝ a lot of ...

❼「起きる」＝ get up

❻ ❶ amの過去形はwas。「私は昨年，アサヒ小学校の生徒でした」

❷ areの過去形はwere。「ケンとアサミは昨日図書館にいました」

❸ be動詞の後ろにnotを置く。「タクヤは練習のあと，疲れていませんでした」

❹ were notの短縮形はweren't。「あなたはその試合で先発メンバーではありませんでした」

❺ 過去のある時点で進行していたことを表すには，過去進行形〈was[were]＋...ing〉にする。「メグはそのときピアノを弾いていました」

❻「彼らはそのときブログを書いていました」

❼「何」whatを文のはじめに置き，その後ろに過去進行形の疑問文を続ける。過去進行形の疑問文は，主語の前にwas[were]を置く。

❽ Thereはそのままで，areをare notの短縮形aren'tにする。

❾ There is[are] ....の疑問文は，is[are]をthereの前に置く。「その村には美しい湖がありますか」

❿「…がいる」という文は，There is[are] ....で表すことができる。「木の下にイヌがいます」

❼ ❶「冬休みの間，あなたはイギリスにいましたか」という質問。

❷「あなたは何をしていましたか」。「…を聞く」＝ listen to ...

❸「あなたの家の近くに駅はありますか」。Is there ...?の疑問文には，thereを使って，Yes, there is.と答える。

❹「デザートはいかがですか」。「はい，お願いします」は，Yes, please.と表す。

❽ ❷ be動詞の後ろにat schoolなど，場所を表す言葉がくると，「…にいる」という意味になる。

❸ There is ....は「…がある」。

❹ 過去進行形の文。

❾ ❶「雪が降る」はsnowで，主語にはitを使う。過去のある時点で進行中の出来事は過去進行形〈was[were] + ...ing〉で表す。

❷ 複数のものが「ある」ということを表すので，There are ....を使う。「たくさんのおもしろい場所」はmany interesting places，「日本には」はin Japanとする。

❸「あなたは…でしたか」はWere you ...?「試合のあと」はafter the gameとする。

❹「…が得意だ」はbe good at ...ingで表せる。これを過去形の否定文にすればよいので，I was not good atとする。

❿ ❶「メグは…でしたか」は，Was Meg ...と表すことができる。「緊張して」はnervous，「プレゼンテーションの前に」はbefore the [her] presentationとする。

❷「…があります」という文なので，There is[are] ....の文にすればよい。「1台のピアノ」と単数なので，There isとなる。「私の部屋に」= in my room

❸「何をしていましたか」なので，過去進行形の疑問文と考える。「何」= whatは文のはじめに置く。その後ろに「あなたはしていましたか」という過去進行形の疑問文，were you doingを続ける。「昨夜」= last night

pp.68-69 **Step ❸**

❶ ❶ were ❷ There are
❸ was playing

❷ ❶ He was not a starter
❷ Is there a piano in the music room

❸ Where were you having lunch

❸ ❶ ア ❷ ウ

❹ ❶ ⑦ was playing
⑦ made
⑦ memories

❷ Were you looking for me ❸ to

❹ **学校へ行く途中，私の心臓は速くどきどきしていました。**

❺ ❶ I was[We were] picking trash up[picking up trash] (with my friends).

❷ There was a bench (in the park).

❸ I was tired (after the volunteer work).

考え方

❶ ❶ areの過去形はwere。

❷ four seasonsという複数のものが「ある」，といえばよいので，There areを入れる。

❸ 過去のある時点にしていたことを表すので，過去進行形〈was[were] + ...ing〉にする。主語がKenなので，was playingとする。

❷ ❶ wasを使った過去の文の否定形なので，be動詞wasの後ろにnotを置く。

❷「…はありますか」なので，Is thereで始め，a pianoと続ける。「音楽室に」はin the music roomとする。

❸ まずは「どこで」を表す疑問詞whereで文を始める。次に「あなたは昼食を食べていましたか」をwere you having lunchと並べる。

❸ ❶ Is there ...?は疑問文なので，thereを使って答えているアが適切。 少年「その湖の近くにキャンプ場はありますか」／少女「はい，あります」

❷ 男性「お飲みものは何になさいますか」／女性「お水だけでけっこうです」

❹ ❶ ⑦過去進行形〈was[were] + ...ing〉にする。主語がIなので，was playingとする。
⑦makeは不規則動詞で，過去形はmade。
⑦memoryのように〈子音字(memoryの場合r) + y〉で終わる名詞の複数形は，yをiにかえてesをつける。

❷ wereとlookingがあり，文末にクエスチョ

ンマークがあるので，過去進行形の疑問文と考える。look for ...で「…をさがす」という意味を表すので，「あなたは私をさがしていましたか」という文にする。

❸〈show＋物＋to＋人〉＝「〈物〉を〈人〉に見せる」という意味になる。

❹ heart＝「心臓」，beat＝「どきどきする」，on one's way to＝「…へ行く途中で」。

❺❶ 質問は「あなた（たち）は何をしていましたか」。【写真の内容】から，「私（たち）は友達とごみ拾いをしていました」という文を作る。「…をしていました」は過去進行形〈was[were]＋...ing〉で表す。「…を拾い上げる」は pick ... up，「ごみ」は trash。目的語（…）が名詞の場合は pick ... up でも pick up ... でもかまわないが，目的語が代名詞の場合は pick ... up の語順になる。

❷ 質問は「公園には何がありましたか」。「公園にはベンチがありました」という文をThere was ....を使って作る。

❸ 質問は「ボランティア仕事の後，あなたはどう感じましたか」。「（ボランティア仕事の後，）私は疲れました」という文を作る。「私は疲れました」はI was tiredとする。

Let's Read 2

p.71　Step ❷

❶❶ 貧しい，かわいそうな　❷ 金持ちの，裕福な（ゆうふく）
❸ ほほえむ，微笑する　❹（…を）思い出す
❺ met　❻ important
❷❶ ×　❷ ×　❸ ×　❹ ○
❸❶ ウ　❷ イ
❹❶ One day　❷ thanks to
❺❶ told　❷ became
❸ bought　❹ thought

考え方

❶❺ meet「（…に）会う」の過去形はmet。
❷❶ blind＝「目の不自由な」
❷ become＝「…になる」，過去形はbecame。toldはtellの過去形。

❸ touch＝「…にさわる，ふれる」。thousand＝「1,000（の）」。

❹ anything＝「何も（…ない）」。thoughtはthinkの過去形。

❸❶ walk away＝「歩き去る」「タクヤは何も言わず，歩き去った」

❷ 過去進行形の文。「彼らは通りで花を売っていました」。

❹❶「ある日」＝ one day
❷「…のおかげで」＝ thanks to ...

❺ すべて不規則変化する動詞。
❶ tellの過去形はtold。「ケンは私に彼のお兄さん[弟さん]について話しました」
❷「私たちは昨年中学生になりました」
❸ buyの過去形はbought。「あれは私の新しい自転車です。父が私に買ってくれました」
❹ thinkの過去形はthought。「私は，『彼はとても親切だ』と思いました」

テスト前 ☑ やることチェック表

① まずはテストの目標をたてよう。頑張ったら達成できそうなちょっと上のレベルを目指そう。
② 次にやることを書こう（「ズバリ英語〇ページ，数学〇ページ」など）。
③ やり終えたら□に✔を入れよう。
　最初に完ぺきな計画をたてる必要はなく，まずは数日分の計画をつくって，
　その後追加・修正していっても良いね。

目標

	日付	やること1	やること2
2週間前	／	☐	☐
	／	☐	☐
	／	☐	☐
	／	☐	☐
	／	☐	☐
	／	☐	☐
	／	☐	☐
1週間前	／	☐	☐
	／	☐	☐
	／	☐	☐
	／	☐	☐
	／	☐	☐
	／	☐	☐
	／	☐	☐
テスト期間	／	☐	☐
	／	☐	☐
	／	☐	☐
	／	☐	☐
	／	☐	☐

テスト前 ☑ やることチェック表

① まずはテストの目標をたてよう。頑張ったら達成できそうなちょっと上のレベルを目指そう。
② 次にやることを書こう（「ズバリ英語〇ページ，数学〇ページ」など）。
③ やり終えたら□に✔を入れよう。
　最初に完ぺきな計画をたてる必要はなく，まずは数日分の計画をつくって，
　その後追加・修正していっても良いね。

目標

	日付	やること1	やること2
2週間前	／	☐	☐
	／	☐	☐
	／	☐	☐
	／	☐	☐
	／	☐	☐
	／	☐	☐
	／	☐	☐
1週間前	／	☐	☐
	／	☐	☐
	／	☐	☐
	／	☐	☐
	／	☐	☐
	／	☐	☐
テスト期間	／	☐	☐
	／	☐	☐
	／	☐	☐
	／	☐	☐
	／	☐	☐

キリトリ線

英語1年 東京書籍版

QRコードのページに登録すると，「ぴたリンク」からも表をダウンロードできるよ